AF293571

POLARE PARIS

Ou comment entreprendre après 60 ans

©2023. EDICO
Édition : JDH Éditions
77600 Bussy-Saint-Georges. France
Imprimé par BoD – Books on Demand, Norderstedt, Allemagne

Illustrations originales : Yoann Laurent-Rouault
(Cat's Society : *yvlr2@outlook.fr*)

Conception et réalisation couverture : Cynthia Skorupa

ISBN : 978-2-38127-337-2
Dépôt légal : août 2023

POLARE PARIS

*Ou comment entreprendre
Après 60 ans*

**Par
Dominique Large, fondateur de la marque
&
Yoann Laurent-Rouault, biographe d'entreprise**

JDH Éditions

Baraka

Note aux lecteurs

Le premier livre de la marque Polare se compose de deux publications distinctes : la première est basée uniquement sur le produit et son histoire, et pour la seconde, sur la biographie de son créateur.

La première partie de ce livre s'intitule : *Polare Paris, le sérum anti-âge Miracle, bien-être et éternelle jeunesse,* et elle s'adresse en toute équité aux anciens comme aux nouveaux consommateurs de la marque, qui, après lecture, sauront donc tout de leurs produits et des tendances actuelles du cosmétique.

La seconde partie relate l'incroyable parcours de son fondateur, Dominique Large, et aborde le sujet délicat de l'entrepreneuriat après 60 ans.

Est également disponible à la vente le Livre I de la marque Polare Paris, **Polare Paris, le sérum anti-âge Miracle, bien-être et éternelle jeunesse**, paru en juin 2023 aux éditions JDH.

Les deux livres sont publiés chez JDH Éditions et sont rédigés par notre spécialiste du livre corporatif et de la biographie, Yoann Laurent-Rouault, directeur littéraire et artistique de la maison JDH, éditorialiste et biographe pour le groupe Lafont Presses & Éditions, le tout sous la direction de l'éditeur Jean-David Haddad, avec le concours de son équipe de production.

FOLLOW US ON

Polare paris

POLARE
PARIS
L'ÂGE - MIRACLE
SANS PARFUM
30 ml

POLARE PARIS

Le sérum anti-âge Miracle

Bien-être et éternelle jeunesse

I

« In memoriam »

Le vent est presque doucereux en ce milieu d'automne. Il flotte dans les branchages des platanes qui bordent les trottoirs de la grand-rue, plus qu'il ne souffle réellement. La lumière est confuse, comme voilée par une pudeur divine. « Un ciel de circonstance », songe Dominique en levant les yeux.

Cette fin d'après-midi entre chien et loup est paisible. Anodine. Elle tranche d'autant plus avec les événements récents. Quand la mort s'en mêle, tout devient étrange… surréaliste… comme hors du sol. Les choses s'enchaînent sans qu'on ait l'impression de les maîtriser. Les étapes se succèdent. Matériellement. Alors que le sentiment domine pleinement. Et au final, pour Dominique, leur déroulement l'a conduit ici.

Pour l'heure, Dominique est dans le souvenir. Il marque un arrêt sur le seuil avant d'entrer dans la maison de son grand-père. Avant de pousser la lourde porte d'entrée en bois et de la refermer derrière lui. Il confronte ses souvenirs à la réalité de ce qui l'entoure, sans même vraiment le vouloir. Il agit comme s'il était animé par une sorte de réflexe. Une chose est certaine : aujourd'hui est un jour où se termine une histoire. Où un cycle s'achève. Où la mort bouleverse la hiérarchie des vivants et redistribue les cartes.

Il ne se sent pas vraiment triste. Tout au plus nostalgique. Et la nostalgie a besoin de temps pour s'exprimer. Comme les larmes pour couler.

La grand-rue qui traverse ce petit village de l'Aube, Fontaine-les-Grés, situé à une vingtaine de kilomètres de Troyes, il l'a arpentée quelques fois en compagnie de son père, de son oncle et de son grand-père. Il se rappelle que parfois, elle lui paraissait presque sinistre. Atemporelle. Perdue dans un « ailleurs » qu'il essayait d'envisager. De visiter. De comprendre. Sans bien y parvenir. Ce décor ne ressemblait pas à ce qui faisait sa vie. Aujourd'hui, en ces circonstances, peut-être le voit-il autrement…

Avant, quand il marchait dans cette rue, il observait, dubitatif, l'agencement longiligne qui la caractérise. Il avait l'impression que les maisons avaient été posées par hasard, à droite et à gauche du ruban d'asphalte, sans logique autre que de suivre la route. Sans chercher à créer un hameau. Et la vie qui va avec. Il trouvait l'idée d'implantation étrange. Frontalière. Peut-être même étriquée.

Ces petites maisons dataient pour la plupart, dans leurs constructions, des grandes heures de l'industrie du grand Est. Dominique pensait alors que cet urbanisme désuet n'avait pas beaucoup de charme, et qu'au final, il n'aimait pas cette globalité affichée…

Là, il voit l'ensemble d'un autre œil…

Il conclut que ce sont des bâtisses qui témoignent des vies aujourd'hui disparues de centaines d'anonymes. De gens sans grande histoire. Mais de gens qui ont fait vivre ce village. Et que c'est dans cette idée que l'on peut trouver de la beauté à ce paysage fruste. D'ailleurs, la maison de son grand-père était un logement de fonction prêté par l'entreprise où il avait travaillé une bonne partie de sa vie. Dans le secteur de l'industrie textile. Dans ce qu'on appelait « La Bonneterie ». Cette maison ne lui appartenait pas. Il l'occupait. En échange de son travail et de son dévouement. Et il l'entretenait en retour.

En levant une dernière fois les yeux, d'où il se trouve, il devine la silhouette du clocher de l'église Sainte-Agnès, qui se confond avec le ciel bas de ce crépuscule envoûtant. On dit que les clochers rapprochent les hommes du ciel. Et les rassemblent. C'est peut-être vrai.

Dominique regarde encore quelques instants autour de lui. Il en vient à fixer tristement la plaque en cuivre jaune du médecin, qui brille timidement aux dernières lueurs du jour. Elle est fixée sur le mur de la maison d'en face, de l'autre côté de la rue. Entre les deux trottoirs, la silhouette de son grand-père lui apparaît en filigrane. Le pauvre homme a été fauché par un motard trop pressé qui ne l'a pas vu traverser la grand-rue. Son grand-père traversait la route pour justement se rendre chez son médecin. Un banal accident de circulation, comme il y en a tant. Une coïncidence malheureuse. Combien de fois, sur des décennies, son grand-père avait-il pourtant traversé cette rue sans encombre ?

Dominique se décide enfin à entrer. C'est presque un pèlerinage qu'il vient de faire. Sans le vouloir. Sans provoquer les choses. Sans remplir un devoir de mémoire. Non, c'était naturel. C'était comme ça. Avant que la dernière scène du dernier acte d'une histoire de famille compliquée soit terminée. Avant que le livre ne se referme.

La maison est mi-close. Elle n'est pas très grande, mais joliment agencée. Comme on le faisait autrefois. De vieux meubles, superbes de bois et de patines, rythment le décor de leurs masses sombres. Il y a des livres un peu partout, quelques bibelots, des plantes vertes, des faïences… Une photographie encadrée de la place Kléber, à Strasbourg, qui date de la jeunesse militaire de son aïeul, attire son attention quelques secondes. La guerre… et la jeunesse de son grand-père. Dont, au final, il ne sait que ce qu'on lui en a raconté. Il y a beaucoup d'autres objets dans la pièce, sur lesquels Dominique ne s'arrête pas vraiment, qu'il regarde sans réellement regarder, comme on le fait, finalement, quand on se promène dans un magasin d'antiquités.
Dominique fixe un instant l'escalier qui mène aux chambres de l'étage. Il songe au fait qu'il n'est jamais allé à l'étage. Il hésite à le gravir. L'interdit subsiste dans sa mémoire.
Le tic-tac de la pendule ne l'aide pas à se décider. Il devient hypnotique. Le temps reprend ses droits. L'odeur de vieux papiers, un peu humide, et de cire, le ramène en arrière. Il délaisse l'idée d'aller visiter l'étage. Dans ce salon, le parquet presque centenaire craque doucement sous son poids, donnant une épaisseur sonore à ses pas et à sa présence en ces lieux. Dominique se souvient que son grand-père recevait dans la cuisine et

uniquement dans la cuisine. Qu'il n'était que rarement entré dans cette pièce. Les marches de la cuisine, la toile cirée de la table… le café… les chaises aux dossiers trop droits… un temps familial, masculin, filial. Agréable, pour Dominique.

Ses souvenirs, du reste, ne sont pas si anciens. Mais, la famille, c'est parfois compliqué. Les drames, les coups du sort, les opinions, les situations se mêlent. Et il y a des conséquences. Dominique n'est pas quelqu'un qui ne pardonne pas et qui ne cherche pas à comprendre. Ni quelqu'un qui juge. Et puis, il connaît le prix des choses et l'importance que leur donnent les gens. Dans son métier, il est confronté à beaucoup de situations très particulières. Il a appris à relativiser. Ces dernières années, il avait œuvré aux rapprochements des générations, de son père et de son grand-père, il avait travaillé à la fin des querelles. À la paix des âmes.
Albert.
Né en 1907.
Décédé en 1992.
83 ans d'existence.
Deux enfants.
Deux veuvages.
Le premier veuvage en 1937.
Un remariage en 1938.
L'autre veuvage quelques années avant sa propre mort.
Un mauvais coup du sort pour quelqu'un qui n'aimait pas la solitude. Cadre dans le textile. Emporté dans la trentaine par la folie meurtrière de la Seconde Guerre mondiale, comme tous ceux de sa génération. Lui-même fils de Jean-Baptiste, l'énigmatique arrière-grand-père qui a encore marqué la famille de Dominique bien après sa disparition.
Un parcours de vie comme il y en a tant, pour Albert. Sans événements extraordinaires.
Si ce n'est cette fichue guerre.

Par la fenêtre du salon, Dominique regarde le jardin. Magnifique jardin qui aura recueilli les passions botaniques d'Albert. Et son savoir-faire. La maxime de Voltaire, « il faut cultiver son propre jardin », prenait ici et maintenant tout son sens. D'ailleurs, quelles étaient les autres plantes du jardin intime d'Albert ? Étrange personnage que ce grand-père Albert, quand on y songe… Une personnalité tout en contraste…

Ce que constate rapidement Dominique, en furetant à droite et à gauche, c'est qu'Albert avait, dans cette maison, non seulement réuni l'essentiel de ce qui faisait sa vie, mais aussi gardé pieusement nombre de souvenirs et d'objets ayant appartenu à son propre père, Jean-Baptiste.
Pour que sa mémoire demeure ?
Un hommage sentimental du fils vers le père ?
Par réflexe conservateur ?

À bien réfléchir, Dominique n'en savait vraiment pas beaucoup sur la personnalité d'Albert. C'est son père et son oncle qui lui avaient donné le plus d'informations sur lui. Certainement plus qu'Albert, de son vivant, n'en avait donné lui-même. L'homme n'était pas expansif.

Dominique se sent presque comme un étranger en visite dans cette maison. Il se déplace sans bruit, ne touche à presque rien, et quand il le fait, il repose l'objet de sa curiosité à l'endroit exact où il était. Précautionneusement.
Mais, dans le même temps, il éprouve le sentiment un peu abstrait de rencontrer son histoire. D'être comme un plongeur, obligé de marquer un palier de décompression avant de continuer sa remontée. Il ne pourrait l'affirmer à ce moment, mais il se sent comme enveloppé par quelque chose qu'il ne définit pas. Mais qui, au final, va l'habiter petit à petit.
Quelque chose qui le pousse vers un territoire inconnu.
Vers des temps anciens.

Et vers d'autres histoires.

Quelque chose qui fait qu'une fois passées la pudeur du moment et l'appréhension de la situation particulière où il se trouve, il sent la présence de ceux qui ont vécu là avant lui.

Cette « présence » devient peu à peu presque palpable et, quelque part, elle l'invite à prendre pleinement possession de l'espace et de l'instant. Elle l'encourage à ne plus réfléchir, mais simplement à ressentir et à se laisser guider.

C'était un peu comme si le temps d'avant et le moment présent voulaient se rejoindre.

Et qu'il se trouvait physiquement debout au milieu du pont.

C'était, et il me le confessera plus tard, « *des minutes étranges, ponctuées par des sensations nouvelles* ».

Sentir la présence de ses aïeux dans de pareilles circonstances, et plus particulièrement une de ces « présences » sans qu'il parvienne à l'identifier, chahutait sa logique.

D'autant que le sentiment n'est pas mot.

Qu'il ne se traduit pas instantanément.

Que l'explication au phénomène ne se trouve pas dans un dictionnaire.

Dans les faits, Dominique est venu une dernière fois chez Albert, « pour se souvenir ». Pour lui rendre un dernier hommage. Mais, là, en cet instant, dans son esprit, ce n'est plus aussi simple. Ni évident. C'est moins « logique » qu'il n'y paraît.

La pendule égrène le temps, imperturbable. La grand-rue est maintenant silencieuse. Fontaine-les-Grés se prépare à la nuit. Un courant d'air frais entre dans la pièce en même temps qu'un claquement sourd contre la façade le fait sursauter. Dominique avise une fenêtre entrouverte sur sa crémone. Et un volet qui claque au vent. Il traverse le salon, ouvre la fenêtre, tire le volet de bois et referme le tout. Il tire aussi le lourd rideau en velours vert, par réflexe. Comme si ce qui était dans la maison ne devait pas s'échapper. Devait rester secret. Comme s'il était important pour lui, inconsciemment, de s'isoler, ici et maintenant.

Il réfléchit quelques instants après avoir jeté un coup d'œil rapide à sa montre-bracelet. Il revient dans sa réalité. Il songe que demain, très tôt, il reprendra le service. Dominique est sous-officier de gendarmerie. Il est militaire de carrière depuis une dizaine d'années, à cette date. C'est un homme rompu aux contraintes. Il regarde à nouveau sa montre, compte machinalement le temps de trajet qui le sépare de la caserne et en conclut qu'il arrivera bien après le dîner. Il reste dans ses horaires. Rien ne presse.

Il fait jouer l'interrupteur d'un lampadaire sur pied posé près d'un vieux fauteuil aux tissus passés. Il s'y assoit.

Le fauteuil est confortable. L'ambiance apaisée. Il se sent bien.

Il promène encore son regard dans la pièce, « pour une dernière fois », songe-t-il. Il se dit « qu'on n'emporte rien avec soi ». Quand on trépasse, on perd tout, jusqu'à son corps. Mais le « matériel » rassure les vivants. Il témoigne de ce que chacun veut bien voir.

Dans la bibliothèque, ici et là, des livres, en rangs, des reliures de cuirs et de papiers, de vieilles éditions empilées… et puis il y a la tranche dorée, d'un volume posé à plat sur le coin d'un meuble, qui répond par reflets à la discrète ampoule du lampadaire. Intrigué par cette dorure, car la maison ne fait pas dans le luxe, mais plutôt dans un confort « ouvrier » d'antan, Dominique se lève et se dirige vers l'objet. C'est un missel. Il le prend et le regarde sous toutes les coutures. La couverture est en cuir sombre, avec des lettres gravées, tout en dorures, elles aussi. C'est un bel objet.

Le livre de prières d'Albert ?

L'édition est très ancienne. Il le voit immédiatement.

Il feuillette les pages de garde.

Non, ce livre appartenait à Jean-Baptiste, son « fameux » arrière-grand-père. « Le chimiste ».

Il est pris d'une certaine émotion en constatant le fait. Tant d'années symbolisées en un objet…

Dominique est croyant, le livre prend d'autant plus de valeur à ses yeux.

De valeur et de sens.

Sans plus y réfléchir, Dominique glisse le missel dans la poche de sa veste.

Illustration réalisée d'après photographie par traitement informatique
Cat's Society copyright 2023

II

À la source du sérum

Printemps 1987. Dans un peu moins de cinq ans, le village de Fontaine-les-Grés ne sera plus qu'un lieu de souvenirs pour Dominique. Un village fantôme bordé d'un cimetière. La maison d'Albert rejoindra les vieilles photographies conservées dans une boîte en carton, elle-même rangée dans le placard à souvenirs. Dominique ne s'en doute pas à cette date. Du reste, qui pouvait prévoir l'accident fatal d'Albert dans la grand-rue ?

Mais là où nous reprenons le récit, c'est une visite familiale qui occupe le dimanche après-midi. Dominique, accompagné de Michel, son père, rend visite à l'oncle Louis. Le grand-oncle réside lui aussi non loin de Troyes. L'ambiance est détendue. La bonne humeur règne dans la voiture. La vie peut être légère quand on lui laisse la main et quand on arrive à oublier les affres du quotidien sur le bas-côté de la route.

Autour du village de Saint-André-les-Vergers, le printemps donne de belles couleurs à la campagne troyenne. Ce jour-là, l'ambiance a quelque chose de bucolique. Les maisons aux façades en pans de bois, les bois de l'île Germaine, le canal de la fontaine Saint-Martin, le bassin des Roises, le magnifique parcours des Viennes… Dominique aime ce village hors du temps qui fut, à l'Antiquité, une étape de la voie romaine édifiée entre Auxerre et Troyes. Chargé d'histoires, de grandes et de petites histoires, Saint-André est particulièrement séduisant et sa population accueillante. C'est un village très représentatif du bon vivre de l'Aude. Bref, c'est un détour agréable à faire.

D'autant que Dominique est sensible à la philosophie comme à la poésie des saisons. Et puis, les événements professionnels qu'il a vécus dans cette dernière période cautionnent son besoin de légèreté. Le printemps est synonyme de renouveau. De nouvelles gestations. Et elles engendreront nécessairement des changements. Ces petites excursions en famille le

réjouissent toujours. De plus, il nourrit une affection particulière pour le personnage qu'ils vont visiter. Louis ayant peu à peu affectivement occupé la place de son grand-père Albert, frère de ce dernier, et ce, il y a bien longtemps déjà. Et puis, « tonton Louis » est le seul à lui raconter l'histoire de sa famille paternelle. Même si Dominique a conscience que des « non-dits » émaillent son récit. Que les secrets resteront des secrets ! Que l'histoire n'est probablement pas si facile à raconter quand on a en tête de ne contrarier et de ne blesser personne. Le père de Dominique élude systématiquement le sujet de « la famille paternelle ».
Et Dominique respecte cette posture.
Taiseuse.
Taiseuse et qui peut, si elle est chahutée, devenir taciturne.
Alors, à quoi bon forcer les choses ?

Avec l'oncle Louis, pour en savoir plus sur l'histoire du nom et des aïeux, tout réside dans l'art de ne pas poser de questions. Un jeu tout en finesse que Dominique apprécie à sa juste valeur. C'est un peu comme faire la lecture d'un livre de maximes ou de poésie, en piochant dans le texte au hasard des pages, sans chercher à respecter la chronologie imprimée de l'éditeur. C'est une autre saveur, une autre façon de lire et d'apprendre.

Assis dans la cuisine, une fois le café servi et quelques banalités échangées entre deux biscuits croqués, comme on le fait avec les anciens, c'est-à-dire sans spécialement choisir le sujet de conversation, Dominique écoute avec affection « tonton Louis ». Habituellement, le vieil homme parle de sa vie, de l'époque, de son ancien métier, de son jardin, des petits tracas de la commune… Pourtant, ce jour-là, sans qu'il ne sache bien pourquoi, la conversation dévie peu à peu sur le « fameux » arrière-grand-père, Jean-Baptiste Large. Père de Louis et d'Albert.
Louis explique, entre le café et le petit verre de liqueur de cassis, que son père nourrissait une passion pour la botanique et la chi-

mie, et qu'à *la Belle Époque*, il avait travaillé dans des officines que l'on qualifierait aujourd'hui de boutiques bio ou de parapharmacies. Comme quoi, *la jeunesse d'aujourd'hui n'avait rien inventé.*

À en croire Louis, son père serait même *l'auteur d'une crème miracle*. D'un *baume de rajeunissement*.

La formule de ce produit aurait *agi avec un certain succès sur ceux qui l'avaient essayé à l'époque*. Pour Louis, il ne s'agissait pas d'une banale « *recette de bonne femme* », mais bel et bien d'un produit cosmétique comme l'industrie du genre en produirait aujourd'hui.

L'information ainsi distillée piqua la curiosité de Dominique. D'autant que Louis insista sur le fait que *cette crème avait vraiment des vertus extraordinaires*. Et que *tous dans la famille le savaient et l'avaient reconnu*.

L'événement daterait du début des années 1900, et une date est même avancée avec plus de précision par l'oncle Louis : 1907. Année de naissance de son frère, Albert, d'ailleurs. D'autant plus facile à retenir…

Les motivations de Jean-Baptiste pour créer cette crème ?
Un drame familial.
La perte de sa maman à l'âge de 14 ans.

Ce ne sont donc pas les évolutions hygiénistes et les modes de l'époque qui auraient motivé cette création, ni la demande locale et encore moins les bénéfices que la réclame et la vente faite par une officine auraient pu lui donner.
Le propos était tout autre.
D'après Louis, Jean-Baptiste aurait fait une promesse, ou plutôt se serait fait une promesse, car il était malheureusement trop tard pour la tenir, et ce, sur le lit de mort de sa maman, Émilie. Émilie, qui mourrait alors prématurément, la soixantaine à peine effleurée, pour une raison que Dominique ignore.
Comme Louis l'ignorait à l'époque de sa confession.

Les femmes mourraient tôt en ce temps-là. Souvent en couche, souvent par manque de soins médicaux, souvent par usure à cause d'une vie trop rude. Pourtant, Émilie n'avait eu qu'un fils : Jean-Baptiste. Et elle n'a dû manquer de rien, vu la classe sociale à laquelle elle appartenait. La famille Large ne vivait pas dans le dénuement et l'isolement que certaines campagnes du Sud-Est et du Centre de la France pouvaient connaître dans ces époques reculées.
Pour Dominique, l'énigme sur les circonstances de la mort d'Émilie demeurera donc.
En revanche, ce que raconte Louis ce jour-là est émouvant. Jean-Baptiste aurait confié à ses garçons, au sujet de leurs grand-mères, *qu'il avait été choqué* par *l'apparence physique de sa maman dans les dernières heures de sa vie. Et il insista sur le fait.*

Un traumatisme, visiblement, qui le conduira à faire des recherches sur une « fontaine de jouvence ». Il est plus que probable que le visage d'Émilie, ridé et marqué par les stigmates de la mort, ait durablement impressionné son fils.
Le teint grisâtre d'un moribond est assez particulier pour être reconnu entre mille. Pour ceux qui ont malheureusement fait l'expérience douloureuse d'accompagner un proche vers son dernier soupir, les ultimes images du défunt perdurent dans l'esprit encore plus que dans le souvenir. Elles se traduisent fréquemment par une impression indélébile et presque inconsciente, mêlée à une masse de sentiments confus, avec la peur en toile de fond. En cela, la réaction du jeune Jean-Baptiste peut paraître on ne peut plus normale.
Louis insiste pourtant : Jean-Baptiste, *son père, aurait axé son devenir à partir de ce fait.*
De ce drame.
Au motif de la préservation de la jeunesse de l'être aimé.

Tendre et troublante histoire… qui sonne presque comme une ode à l'amour filial. Qui résonne de tendresse comme une chanson d'un autre temps. En tous les cas, elle fut suffisamment sincère et évocatrice pour qu'elle imprègne des décennies après les faits le propre fils de Jean-Baptiste.

Une question brûle alors les lèvres de Dominique : pourquoi un adolescent, issu et certainement marqué dans son éducation par le milieu viticole, où ses aïeux comme son propre père exerçaient depuis des lustres, ne se tourna-t-il pas vers les affaires familiales, et opta au final pour un autre schéma de vie ?
C'est une émancipation curieuse que celle de Jean-Baptiste pour l'époque…
Et qui avait dû poser des problèmes, d'autant qu'il était fils unique. On ne badinait pas avec la notion de succession au XIXe siècle, c'est un fait notoire.

Par la suite, Dominique mènera sa propre enquête. Avec une pensée « *imprégnée d'un sentiment indéfinissable* », comme il le confessera lors d'un de nos premiers entretiens.

Ce dimanche, Louis parlera encore de la passion du jardinage de son père, de ses nombreux voyages, de la Première Guerre mondiale… de ses souvenirs d'enfant, qu'il a dû ressasser et qui, avec le temps, ont acquis une légitimité intellectuelle.
Le récit de Louis était certainement un peu corrompu par le temps et par les caprices de la mémoire, mais il était frais.
Louis offrait là à Dominique un témoignage vivant et honnête autant qu'inattendu.

Quand Dominique posa la question de savoir ce que contenait cette crème miracle, et si, par le plus grand des hasards, quelqu'un de la famille avait conservé sa formule, Louis répondit que *non* en soupirant.
Qu'il n'en savait « *fichtrement rien* » et que c'était *bien dommage qu'elle se soit perdue. Mais que veux-tu, ainsi va la vie, mon petit bonhomme…* C'était là les derniers mots de l'oncle sur le sujet. Du reste, *l'heure avançait* et il était *grand temps de rejoindre Michel au*

jardin, qui pendant ce temps faisait un tour « amoureux » du potager et de la petite serre de tonton Louis.

Bon sang ne saurait mentir, une chose est certaine : dans cette famille, on aime le jardinage !

Quelques années plus tard, Dominique parviendra à mettre des dates sur ces événements que lui avait racontés Louis ce jour-là, ceci avec le concours d'un ami fonctionnaire de préfecture.

Quand Émilie est morte en 1887, son fils Jean-Baptiste n'avait effectivement que 14 ans, puisqu'il était né en 1873.

Albert et Louis sont nés dans la fin de la première décennie du XX$^\text{e}$ siècle. Avec peu d'écart.

Jean-Baptiste est mort en 1959.

À ce stade du récit, au moment de cette visite, la promesse que Jean-Baptiste avait faite à sa mère datait de plus de 100 ans !

Pour ces raisons temporelles, l'histoire aurait pu se terminer ici, et se résumer à la création d'un banal arbre généalogique. Mais le destin en décida autrement. Et là encore, le temps prit le temps de la prendre. Car force est de constater, dans ce récit, que pour la famille Large, de père en fils, le temps œuvre avec une certaine originalité.

Illustration réalisée d'après photographie par traitement informatique
Cat's Society copyright 2023

III

Et la lumière fut

2019. C'est une soirée sereine, presque contemplative que vit Dominique en sa demeure. C'est aussi un nouveau printemps qui s'annonce dans le crépuscule. Et depuis 1992, année du décès d'Albert, 26 autres printemps ont défilé. L'oncle Louis est lui aussi au paradis.

Dominique n'apprécie que modérément la fréquentation des écrans ; aussi, après le dîner, il a tendance à s'isoler pour se consacrer à une de ses activités favorites : la lecture.
Et dans le domaine, il est gourmand de tout. Mais ce soir-là, il délaisse les bandes dessinées, les romans en cours de lecture et autres documentaires illustrés, pour lire la Bible. Parfois, il en ressent le besoin. Et à ce moment précis où nous reprenons le cours de notre histoire, le calme de la soirée et l'ambiance sont propices à cette lecture.

Chacun voit dans ces écritures ancestrales et sacrées ce qu'il y veut.

Chacun est libre d'en tirer un enseignement, ou simplement une réflexion ou une prière.

Et c'est justement en ça que Dominique en apprécie particulièrement la lecture.

La liberté et l'intimité même de cette liberté lui ont toujours apporté un certain réconfort spirituel. Et une certaine inspiration dans son quotidien.

Le missel de Jean-Baptiste l'accompagne depuis le triste soir de sa visite dans la maison d'Albert. Dominique n'a qu'à ouvrir le tiroir de la table de nuit pour s'en saisir.
Dans le confort de sa chambre.
Dans la tranquillité de sa maison.

Et Dieu sait qu'il l'apprécie, ce confort.

Comme il apprécie cette époque de transition qu'il vit.

En tant qu'officier de gendarmerie, pendant des années, Dominique a œuvré par monts et par vaux, et le plus souvent dans un confort spartiate. Et dans des contextes émotionnels difficiles.

Alors, il apprécie ces petits moments de solitude et d'apaisement « voltairiens » autant qu'aériens, spirituellement parlant.

Je ne sais pas, et nul ne saura, quel passage de la Bible aura eu les faveurs de sa lecture ce soir-là, ni quel ange passa au-dessus de lui, mais quand il se leva de son lit, apaisé et repu de la bonne parole des évangiles, pour rejoindre au salon les « couche-tard » de sa maisonnée, il était à des années-lumière de deviner ce qui allait se passer.

Alors qu'il s'apprêtait comme à l'accoutumée à remettre le précieux ouvrage dans son étui, puis dans le tiroir de la table de nuit, la reliure ne rentra pas dans son logement.

Quelque chose coinçait.

Les missels sont pleins d'attentions, d'intentions et de croyances, et parfois même de superstitions. On trouve communément, entre les pages, des indices, des traces de vies, voire des souvenirs intimes de leurs propriétaires.

Une vieille photo, des icônes représentant tel ou tel saint, une image pieuse datant des jeunes années du catéchisme, un trèfle à quatre feuilles ou encore un petit mot d'amour griffonné à la hâte…

C'est sur cette dernière piste que Dominique avance.

Le missel de Jean-Baptiste renferme de multiples secrets, et justement, toutes ces choses évoquées plus haut s'y trouvent peut-être et pourraient être la cause de ce divorce entre le missel et son rangement. Ces « petites choses » coincées entre les pages, ou dans la reliure, c'est aussi ce qui donne une dimension supplémentaire à sa lecture. Au gré de celles-ci, Dominique est « tombé » sur des indices de vie de son arrière-grand-père. L'idée est émouvante.

Malheureusement, peu de gens ont la chance de vivre de pareils instants. La mémoire matérielle des familles tend à disparaître au fur et à mesure que le prix du mètre carré habitable augmente. Mais, quoi qu'il en soit, là, le livre ne rentre pas dans son étui.

Après examen, Dominique comprend alors que c'est une petite feuille pliée, sortie de son logement probablement centenaire, qui bloque la manœuvre. Il la retire doucement de la tranche du livre, en prenant garde de ne pas la déchirer, pose le missel sur le chevet, et enfin s'assoit sur le lit et regarde le papier quelques instants pour juger de sa valeur.
Pliée en quatre, rongée par le temps, jaunie par le feu naturel du papier, la trouvaille de Dominique ressemblerait presque à ces petits mots qu'il s'amusait à faire circuler de table en table dans les salles de classe à l'insu de l'instituteur, quand il était enfant. La pliure n'est même pas stricte. Le papier est tout ce qu'il y a de plus ordinaire. Mais ce qui est certain, c'est que ce billet date de loin.

Dominique le déplie précautionneusement. L'encre a bien évidemment pâli, mais contre toute attente, cela reste lisible. L'écriture est rapide, pressée même, comme on ferait pour prendre en note un rendez-vous au téléphone. Pour Dominique, habitué de l'analyse policière, il ne fait aucun doute que ce billet rédigé à la hâte a été écrit par un homme. Peut-être par Jean-Baptiste lui-même ?
Dominique rechausse ses lunettes et place le papier sous la lampe de chevet, et sa lecture lui donne soudainement un coup au cœur ! C'est de toute évidence une formule qu'il tient dans la main.
Une formule ancienne et mystérieuse.

Mystérieuse parce que ses compétences en la matière ne lui permettent pas de l'identifier à coup sûr.

Par contre, ce qui est possible, c'est que cette formule soit celle d'un produit de soin, car il reconnaît quelques éléments et quelques symboles chimiques inscrits.

Dubitatif, Dominique range le missel dans son étui.

Puis le remet dans la table de nuit.

Il reprend le papier et cette fois le garde en main.

Il réfléchit quelques secondes.

Puis, se demande soudain :

« Et si c'était la fameuse formule de l'élixir de jeunesse de Jean-Baptiste ? »

IV

Jean-Baptiste en son temps

La Belle Époque, de la fin du XIXe siècle jusqu'au début du XXe, ouvre la voie au cosmétique moderne. Entendons par le terme « moderne » la définition de celle que nous connaissons aujourd'hui. Dans nos entretiens, Dominique Large reviendra à plusieurs reprises sur le sujet important du « bien-être ». De l'apport cosmétique à l'âme, en quelque sorte. Et c'est justement à cette époque que le cosmétique se différencie du « maquillage » et des artifices poudrés de l'ancien temps, au profit de cette notion de bien-être. Le cosmétique progresse aussi doucement vers une approche plus philosophique des bienfaits qu'il peut procurer : combattre le vieillissement. Souvent prématuré, il y a un siècle. Combattre aussi le petit défaut physique handicapant en société, la petite tare congénitale : eczéma, rougeurs, rides et ridules excessives, peau grasse et peau sèche. Contrairement à l'idée reçue qui consiste à penser que le domaine du cosmétique a longtemps appartenu aux femmes, qu'il leur était plus ou moins réservé, il n'en est rien. Mais nous y reviendrons.

Entre les années 1880 et 1914, la période est appelée la Belle Époque. Belle, parce qu'elle est tournée vers l'innovation, vers la beauté et justement vers ce bien-être que nous évoquions. Trois idées que Jean-Baptiste Large saisira au vol. Et que Dominique a lui aussi faite sienne aujourd'hui. À la Belle Époque, on aime le décorum, le beau et l'apparat. Ce ne sont pas forcément des années de « pompiers », comme précédemment vécues pendant l'Empire, et réservées à l'élite de la population. Elles sont plutôt axées sur un esthétisme global. Architectural tout d'abord, le baron Hausmann a donné le coup d'envoi dans la capitale, artistique ensuite, et au final « accessoiriste », dans la mode féminine comme masculine. Pour la première fois peut-être, c'est le corps qui doit révéler l'accessoire et non l'inverse. Il était donc normal que dans ces décades prodigieuses de créativité, nous y retrouvions l'essor du cosmétique. Mais approfondissons un peu et situons les choses : la tour Eiffel est sortie du sol pour la grande Exposition universelle de 1889, donc depuis 18 ans déjà, au moment où Jean-Baptiste Large crée sa crème et où le grand-père de Dominique naît. En 1907, on ne cite que Zola, mort depuis 5 ans déjà, et on lit Maupassant, Colette et Apollinaire. Renoir et Monet sont devenus des icônes de l'art et Picasso s'apprête à révolutionner la peinture une fois pour toutes, avec Matisse et Mondrian. L'abstraction pointe son nez, partout en Europe. Déjà dix ans que Munch a poussé son « *Cri* » pictural et prophétique. Gounod a passé le flambeau à Satie et sa musique inclassable ouvre une ère nouvelle. Les frères Lumière ont œuvré, Méliès a saisi l'opportunité créative que lui donne la pellicule et propose en cette même année 1907 au public parisien son adaptation de *Vingt mille lieues sous les mers* du célèbre romancier nantais, Jules Verne. La photographie est la nouvelle passion de la bourgeoisie et la France vient d'en finir avec l'affaire Dreyfus qui aura monopolisé le podium pendant 13 ans ! En 1908, les cendres de Zola seront transférées au Panthéon, et cela fait déjà une bonne année que Clemenceau est à la barre du navire républicain. Sissi l'impératrice d'Autriche a été assassinée il y a plus de 10 ans déjà. Le monde va pourtant bientôt vivre le pire, mais à cette date, personne n'en a conscience.

À Paris, avec l'essor de l'architecture moderne, le décor est planté et il brille de mille feux. Les grands magasins sont à la mode et les « élégantes » rivalisent d'originalité. Rester jeune et belle, avoir un joli teint et des dents saines, une coiffure haute et la taille enserrée, c'est la gageure de l'époque. La femme n'a plus peur de séduire. Aux bonheurs des dames. Jean-Baptiste, bien qu'ayant œuvré aux jardins de Versailles en tant que jardinier et botaniste passionné, n'est plus à Paris en 1907, mais dans l'Aube. Et pourtant, c'est là qu'un apothicaire lui fera la demande de venir travailler avec lui. Il connaît les plantes et la chimie. Deux secteurs indispensables pour répondre à la demande cosmétique.

La société évolue et la femme s'émancipe, autant que l'homme appréhende le besoin de séduire et, osons le dire, de plaire. Les soins du corps, de la pédicure à la manucure deviennent à la mode et, imaginez-le si vous le pouvez, on « descend à la mer », dans les nouvelles stations balnéaires à la mode de l'Atlantique et de la Méditerranée pour se « haler » le teint ! De Biarritz à Deauville en passant par Dinard et Nice. Chose encore inimaginable quelque temps plus tôt : le teint blanc était de rigueur pour la femme ou l'homme du monde, le bronzage quant à lui était réservé aux paysans et aux ouvriers. Concrètement, être bronzé, jusque-là, c'était vulgaire.

En 1907, de plus en plus de femmes, des bourgeoises ou des femmes actives exerçant des professions comme couturières, employées de bureau, infirmières ou encore commerçantes, peuvent accéder à un niveau de vie plus correct que leurs mères et donc, une fois l'essentiel du quotidien assuré, elles ont de quoi s'offrir des soins, de l'accessoire et du bon temps. C'est d'ailleurs à cette époque que naît la presse féminine, et un certain monsieur Schueller en fera un support pour les produits de sa marque, en y multipliant les publicités, dès 1909. Ses produits fleuriront bientôt sous le nom de L'Oréal, marque qu'il créera 2 ans plus tard. Eugène Schueller s'intéresse fortement à la chimie d'une part, et à la botanique d'autre part. Ce qui n'est pas sans nous rappeler les passions et métiers d'un certain monsieur Jean-Baptiste Large. Le XXe siècle sera chimie ou bien ne sera pas. Il faut bien comprendre que la science passionne les foules d'alors, quel que soit le domaine, de l'électricité au téléphone en passant par l'ampoule à filament, le pneu Michelin et le cinéma. Et c'est dans tous les domaines qu'elle rayonne, le prodigieux développement de l'industrie de la Belle Époque faisant foi. Pour Schueller, cela commencera avec la teinture pour « poils disgracieux » et « cheveux ternis ». Pour Jean-Baptiste Large, il ne sera pas question de commercialisation de sa crème miracle.

La presse féminine naissante n'est pas en reste, et elle aussi, elle aime l'innovation. Elle est illustrée par des gravures qui sont collectionnées par ces dames, et elle affiche clairement les tendances. Les revues sont déjà nombreuses, citons au hasard des encyclopédies des médias : *La Mode universelle*, *La Mode de Paris*, *L'Illustrateur des Dames*, *La Mode pour tous…*

La lectrice devient alors « cliente ».

La notion est importante.

C'est une nouvelle philosophie commerciale qui naît là.

Et une nouvelle façon de consommer qui apparaît.

Et ça, c'est révolutionnaire, comme dira quelque temps plus tard un certain monsieur André Citroën.

Côté publicitaire, dans le secteur du cosmétique, on trouve de tout et on est assez loin du sérieux et de la mission qu'un certain Jean-Baptiste Large s'est autoconfiée et de la ligne que tient son arrière-petit-fils, Dominique. Loin du produit de famille et de sa formule « magique ». Loin du sérum que produit Dominique aujourd'hui sous la marque Polare.

Les graines, les feuilles, les pots-pourris, les savons, les produits d'hygiène, les élixirs et les sirops miracle tiennent forum dans cette nouvelle presse. Les produits magiques y rivalisent d'audiences. Et globalement, dans les annonces de 1907, on voit que les services proposés sont les mêmes qu'aujourd'hui : un joli teint, une poitrine généreuse, une taille fine, de beaux cheveux… À noter que les poils et autres duvets sont déjà dans la ligne de mire de ces dames. Je prends pour le plaisir quelques exemples glanés ici et là :

« La femme la plus poilue de France recommande Hydrogine. »

« Prenez garde, Madame, vous commencez à grossir, et grossir, c'est vieillir. Prenez donc tous les jours deux dragées de Thyroïdine Bouty. »

« Le Savon de l'Amiral à l'extrait de fiel spécial fait maigrir la partie de corps savonnée. »

Car si la tenue féminine de ville est pudique, l'intimité exige, secret d'alcôve ou non, en cas de légitimité comme d'illégitimité sexuelle, d'être pour la femme de 1907, comme les « cocottes » de la Belle Époque, comme celles qui sont représentées sur les cartes postales et les affiches des cabarets, c'est-à-dire appétissantes, désinhibées et sensuelles même sans corset à lacets et bottines à talons. La belle Otero, Mata-Hari et bien d'autres encore sont les références érotiques absolues du moment ! Ces femmes incarnent la grâce, le charme, la séduction et l'amour physique. Le piment, l'élégance et le nouveau bien-être féminin, révolutionnaire lui aussi, car revendiqué par des femmes que la morale républicaine et l'Église réprouvent. Zahia n'a rien inventé. Que voulez-vous, depuis que le monde est monde, la femme est belle, et elle tient à sa beauté, tout autant que les hommes tiennent à ce qu'elle y tienne.

Lola Montès, actrice, danseuse exotique, bien avant Joséphine, courtisane et maîtresse des rois, laissera à la postérité, bien après sa mort, un ouvrage de secrets modestement intitulé *L'Art de la Beauté ou les secrets de la toilette*, un livre édité par J. Taride, à Paris en 1879. Émilienne d'Alençon, elle, publiera *Secrets de beauté pour être belle, un petit recueil* en 1919 qui se tient en une série de conseils utiles pour les soins de la femme. Aujourd'hui encore, les conseils de beauté du Cabinet de toilette, dans les carnets de la baronne Staffe, publiés entre 1889 et 1908, font référence pour la période de la Belle Époque. On y retrouve des recettes de cosmétiques à base d'eaux florales, d'essences et d'huiles essentielles, de teintures, de vinaigres variés, d'arachides, d'huile d'amande douce, de beurres divers, de talc et encore d'autres ingrédients culinaires comme la crème ou les œufs.
Les « cosméticiens », quant à eux, garderont leurs secrets de fabrication jalousement, y ajoutant d'ailleurs « le brevet de chimie » ou « de pharmacie » pour le garantir. Ces inventeurs puiseront la plupart du temps dans les découvertes récentes de la chimie, faites jusque dans l'armement, comme dans les recettes de grand-mère. Ou les recettes régionalistes. Ces dernières ne sont pas né-

gligeables en raison de la connaissance et de l'utilisation de certaines variétés de plantes peu communes, mais dont les vertus sont prouvées par leurs utilisateurs locaux.

Quelle était d'ailleurs la teneur exacte de la formation initiale en chimie de Jean-Baptiste Large ?

Et quelle était la nature exacte de ses compétences botaniques ?

À l'heure où j'écris ces lignes, nous n'en savons rien. Ou peu de choses. Et cela tiendra dans le compte rendu du laboratoire qui validera la formule de Jean-Baptiste sous l'initiative de Dominique.
Pour Dominique, l'histoire de son arrière-grand-père a été assez difficile à retracer avec précision. C'est en fait grâce à son livret militaire et son statut de réserviste que nous connaissons ses différents changements d'adresse. Et différentes activités. Le tout tamponné par les préfectures et sous-préfectures concernées.
Ce qui apparaît clairement, néanmoins, c'est que la Grande Guerre mettra un terme à son parcours qui semblait orienté jusque-là vers le cosmétique et la botanique. D'ailleurs, en 1907, à la naissance d'Albert, Jean-Baptiste travaille dans une officine dédiée aux soins du corps, aux cosmétiques et aux soins par les plantes.
Jean-Baptiste, au sortir du conflit, ne sera libéré qu'un an après l'armistice et il terminera la guerre dans les services des hôpitaux des armées. Ces 5 années passées au service de la patrie handicaperont probablement le cosméticien qu'il était ou qu'il semblait vouloir devenir. En 1919, Jean-Baptiste Large était âgé de 46 ans, marié et père de famille. On pourrait imaginer alors que pour lui, il n'était plus temps d'entreprendre. Et qui sait ce que l'effroyable boucherie de cette guerre avait laissé en lui…

Les laboratoires dédiés à la recherche et à la création de cosmétiques se multiplient pendant l'avant-guerre et les sociétés exploitantes également. Reprenons l'exemple d'Eugène Schueller, fondateur de la « Société française de teintures inoffensives pour cheveux » créée en 1907, et qui donnera naissance à la marque L'Oréal en 1909. Mais il n'était pas le seul sur le créneau, loin de là. Le secteur des produits de beauté connaît à la Belle Époque un développement sans précédent. Les boutiques se multiplient dans tous les centres des grandes villes, tout comme les cabinets de toilette et les salles de bains dans les foyers bourgeois et dans les établissements hôteliers, et jusque dans les paquebots et les trains pour qui voyageait en première classe. Et le secteur se démocratise petit à petit pour répondre à la demande.

Dès 1856, la « Parfumerie des familles » lance des produits cosmétiques « discount » dans des gammes d'eaux de toilette, de pommades et autres « cold-creams » pour que les bourses du plus grand nombre puissent les acquérir. On commence même à parler d'industrialisation de ces produits. Notons maintenant les dates de quelques révolutionnaires brevets du genre :

Le premier fard non gras pour le teint daterait de l'année 1863.

Le premier bâton de rouge à lèvres en tube, de 1870.

La première crème hydratante longue conservation de chez Nivea, de 1911.

La maison Guerlain, et la marque existe déjà depuis 1822, lance le premier parfum unisexe en 1889 !
Ce parfum est d'ailleurs le premier à faire intervenir des composants de synthèse comme la vanilline et la coumarine au lieu d'utiliser de véritables essences de fleurs.

Diadermine vend ses produits depuis 1904, Caron depuis 1903 et Roger & Gallet depuis 1862.

Pour toutes ces marques, hors parfumeurs d'exception, les
« cold-creams » sont les grands bestsellers de l'époque, et Jean-
Baptiste, comme d'autres, travaillera sur le sujet avec succès,
preuve en est faite, puisque ce livre ne serait pas dans le cas contraire.

Ces crèmes étaient le plus souvent élaborées selon des recettes
inspirées *du cérat de Galien*. L'invention de cette crème est at-
tribuée au médecin Galien, qui exerçait au IIe siècle de notre
ère. La formule originale contient de la cire d'abeille et de
l'huile d'amande douce, qui forment alors, dans leur addition,
une pommade appelée « cérat ». Au XIXe siècle y sont ajoutés
du borate de sodium ainsi que de l'eau de rose. À la Belle
Époque, on y ajoute aussi de la cire d'abeille blanche et du
blanc de baleine, diverses sortes de teinture, de l'extrait de lys et
de la glycérine. Ce sont là les ingrédients phares de la recette
« commune » à l'essentiel des fabricants.
En plus de cette base, les laboratoires de l'époque « aromati-
sent » les crèmes, sans avoir spécialement recours à la chimie
en dehors des distillats habituels. Ils améliorent l'ordinaire
avec des essences aromatiques, des huiles essentielles, des
teintures, des eaux florales, des tanins, des vinaigres, des ami-
dons, de la poudre d'iris, des poudres minérales et encore
d'autres ingrédients « prodigieux » ou exotiques.

La chimie des Trente Glorieuses mettra justement un terme à
l'utilisation de ces ingrédients, avant qu'ils ne reviennent en
force depuis le début du XXIe siècle, avec l'engouement du public contemporain pour le « bio » et donc pour le « naturel »,
mais dans l'esprit de la préservation et du respect des ressources
naturelles et animales. Ce qui amène quelques complications
pour les fabricants d'aujourd'hui.

La chimie de la Belle Époque est en revanche fortement sollicitée dans les colorations capillaires et les produits dépilatoires,

mais aussi dans une certaine gamme des cosmétiques pour le visage ayant pour vocation à lutter contre le vieillissement : acide borique (borax), bicarbonate de soude, acide tartrique… ce qui n'est pas sans établir de parallèles avec notre époque, et certaines injections, mais nous y reviendrons ultérieurement. Ces dernières évocations nous éloignent d'ailleurs de la recette secrète de Jean-Baptiste Large, qui sera la base du sérum de Dominique.

En 1907, à Troyes, Jean-Baptiste est bien parti dans l'activité, même si la demande cosmétique est forcément beaucoup moins forte qu'à Paris. Grâce à ses connaissances en botanique, il peut officier pour fabriquer des produits médicamenteux et il devient rapidement l'associé de celui qui était à la base son employeur. Il faut imaginer le décor dans lequel il travaille alors. Un grand comptoir, sur lequel il dose les préparations, sert les clients et étiquette les produits. La pièce est emplie d'étagères murales et de bocaux de toutes sortes, et derrière lui la porte ouverte du petit laboratoire intrigue les clients qui tentent d'apercevoir les instruments de chimie. La clochette de la porte vitrée tinte solennellement aux passages de ces dames, la lampe à pétrole grésille doucement, son abat-jour de porcelaine projette des ombres inquiétantes sur les visages et sur les murs, et le plancher grince sous les bottines des clientes… Dehors, la rue qui débouche sur la place où rivalisent calèches et trams, vélos et charrettes, ne s'anime vraiment que quelques heures par jour. De sa place, Jean-Baptiste voit passer des chapeaux à plumes et des canotiers au-dessus du lettrage de la vitrine. De temps à autre, une automobile passe et provoque un petit attroupement.

Troyes est une ville de tradition commerçante, en ce début de XXe siècle. Chaque samedi, le grand marché anime la place Saint-Rémy et la bataille se propage jusque dans le pourtour des Halles. Les commerces de détail, épiciers, bouchers, quincailliers, marchands de vin et autres commerces de services, y

côtoient les sociétés coopératives agricoles ou viticoles et la ville n'échappe pas à la règle qui consiste à faire le bonheur des dames, comme on disait à l'époque : Troyes a aussi ses grands magasins qui vendent les derniers articles du chic parisien.
Mais c'est aussi l'âge d'or de la Bonneterie à Troyes. À la veille de la Grande Guerre, l'industrie bonnetière troyenne emploie 13 000 ouvriers sur une population de 55 000 habitants et elle représente à elle seule la moitié du chiffre d'affaires national dans ce domaine. Tonton Louis et grand-père Albert feront partit du nombre de ces travailleurs. Bien plus tard.

Les clientes et clients de Jean-Baptiste qui poussaient la porte de l'officine étaient de cette époque où quand on consultait un médecin, il était souvent déjà trop tard. Et tous n'avaient pas les moyens de payer cette consultation et encore moins d'acheter en pharmacie les coûteux médicaments associés au traitement. La Sécurité sociale comme nous la connaissons n'arrivera en France qu'en 1946. Alors, la recette médicinale de grand-maman, le sirop aux betteraves de grand-papa, la tisane du docteur Machin ou la crème de l'abbé Cane faisaient office de remède. La ficaire pour les hémorroïdes, la digitaline pour la circulation sanguine, la moutarde pour les cataplasmes…

En 1959, un Breton de la Gacilly, en Ille-et-Vilaine, créera en 1959 une société à son nom, suivie de plusieurs autres, porteuses du nom de ses aïeux, sur ce principe de l'automédication et des soins par les plantes.
Son nom ?
Yves Rocher.

Les clients des officines en 1907 n'étaient pas préoccupés par des notions actuelles comme le « bio », le « naturel » ou le « retour aux sources ». Les plantes faisaient partie des consommables, quelle que soit leur destination.
Mais malheureusement pour Jean-Baptiste Large, la guerre arriva. Il changera de cap après et il décédera en 1959. À l'âge

respectable de 86 ans. Jean-Baptiste est né dans le milieu viticole. Rien ne le destinait à commencer une carrière de jardinier à la fin des années 1890 et encore moins à être l'inventeur de cette crème que Dominique transformera en sérum récemment. Jean-Baptiste a beaucoup déménagé, de Versailles à Lyon, de Montreuil à Sens avant de revenir à Troyes en 1907. Sans oublier un passage au 143 rue de Paris, à Paris même, en 1897.

Cette crème, inventée pour sa mère, qui porte le nom de Polare, en référence à la blancheur et à la fraîcheur de son visage, n'avait pour utilité à ses yeux que de « rajeunir », « réparer » et « régénérer » la peau tout en soignant l'âme de l'utilisatrice.

D'après les dires de Dominique, cette crème est la concrétisation de la promesse qu'un enfant de 14 ans a faite à sa mère mourante. Et elle n'a jamais été commercialisée. Dominique effectuera des recherches pour en être certain. Aucun agrément n'a été donné à Troyes dans ces années-là pour une « cold-cream ». Rien qui, en tous les cas, concernerait son aïeul. Aucune trace non plus de quelconques réclames dans les journaux de Troyes sur une crème anti-âge. Ce qui nous renvoie de plein droit à notre fameuse formule soigneusement cachée dans le missel. Et dont nous allons continuer de raconter l'histoire.

FRANCE
MARITIME
2.me VOL.

Recette

- Hamamélis   [illegible] mg
- Cire d'abeille   ,18 g
- Blanc de baleine   2,36 g
- Vaseline   [illegible] ml
- Paraffine   1 g
- Alcool cétylique   0,12 g
- Borax   0,04 mg
- eau purifiée   6 ml
- eau de rose   1, [illegible]

[illegible] utiliser en quantité [illegible] à [illegible]
les inflammations
Cire d'abeille sans [illegible] inflammant [illegible]
pour les peaux [illegible] les
Blanc de baleine avec la cire et [illegible]
[illegible] hydrate et après les peaux
Paraffine
Alcool cétylique pour épaissir la crème
[illegible]
Borax et [illegible] le conservateur et [illegible]
L'eau purifiée
eau de rose [illegible] parfum

V

Un virage

Mais que fait-on quand, comme Dominique, on met la main sur la formule secrète d'un élixir de jouvence ?

Je voulais comprendre la feuille de route du capitaine. J'écris « capitaine », car à cette époque du récit, Dominique Large est officier de gendarmerie. On est donc assez loin du domaine du cosmétique. J'irais peut-être jusqu'à dire, comme ça, à brûle-pourpoint, à des années-lumière du sujet. L'armée française, comme je le suppose, toutes les armées d'ailleurs, n'est pas réputée pour ses salons de beauté et cures thermales, et je doute qu'au mess des officiers, comme dans les locaux de la gendarmerie, le cosmétique soit le sujet de prédilection des conversations. Mais je pars du principe, comme le chantait Bourvil, que quand un gendarme rit dans la gendarmerie, on peut s'attendre à tout, mon adjudant.

Quoi qu'il en soit, dès la rentrée de septembre, soit quelques semaines après la découverte dite « du missel », Dominique confie la formule de Jean-Baptiste à un laboratoire spécialisé. Non pour vérifier l'exactitude des données, non parce qu'il nourrit encore de légers doutes sur la teneur de la formule (*est-ce bien ça ?*), non parce qu'il remet en doute la parole de tonton Louis, mais parce qu'il a réfléchi à un projet. À un projet de commercialisation.
Dans ses relations proches, par le biais de son épouse, Dominique connaît un homme susceptible de participer au projet « Polare ». Le nom, pour qui a lu les chapitres précédents, coule de source et s'imposera de lui-même. Dominique a fait des recherches et il a mis son temps de vacances à contribution. Valider la formule par un laboratoire a un coût assez important. Faire homologuer le produit aussi. Il découvre également que l'ensemble des démarches est complexe. Les certificats que doit

avoir le produit pour être diffusé au niveau « grand public » sont foules. Certificats, validations, argumentations…

Et puis, une « cold-cream » n'est peut-être pas ce qui convient le mieux pour entreprendre cette commercialisation. Très rapidement, Dominique pense que « la formule magique » devrait être présentée sous forme de sérum. Mais cela aussi a un coût. Et un coût important.

En 2019, Dominique est en poste à Maisons-Alfort, il est officier de la sécurité de la région Île-de-France. Dominique n'est pas un carriériste, il aime le terrain. Il aime la gendarmerie. Il a de l'expérience, mais il arrive bientôt à la fin du temps réglementaire de service. Il songe doucement « à l'après » des jours bleus. À la démobilisation. Autant dire que l'aventure lancée par Jean-Baptiste en son temps prendra une place importante dans la réflexion de Dominique sur cet « après ». Mais pour l'heure, Dominique est en charge des casernes de la région et surtout de la sécurité des familles de gendarmes. On compte sur lui. L'heure n'est pas encore celle du départ. Nous reviendrons dans la deuxième partie de ce livre sur l'étonnante carrière du gendarme Large. Et croyez-moi, vous n'êtes pas au bout de vos surprises !

La crème de la formule de Jean-Baptiste a besoin de s'adapter à l'époque actuelle. Les contraintes et les normes d'hier n'étant évidemment pas celles d'aujourd'hui. Certains ingrédients, qui entrent dans la composition de cette crème froide, notamment le « blanc de baleine », sont aujourd'hui purement et simplement interdits par les ministères concernés. Le blanc de baleine ou « spermaceti » est une substance blanche présente dans la tête de certains cétacés comme le cachalot. La plupart des autres cétacés ont un organe similaire moins développé, appelé melon. Lors de la découverte de cette substance animale, on croyait qu'il s'agissait de son liquide séminal, d'où son appellation « latine » qui n'est pas sans en rappeler une autre. Au début du XXe siècle, le spermaceti de cachalot devient un des ingrédients indispensables de cette nouvelle génération de crème de soins qui se voulaient onctueuses et riches.

Le spermaceti est un composé complexe, contenant des cires et des triglycérides. Purifié par l'alcool, on en extrait le constituant principal, la cétine, ou palmitate de cétyle.

Le composé est d'apparence huileuse, blanc et sans odeur particulière. Et cette dernière spécificité est d'ailleurs un atout pour les fabricants. En effet, il est préférable d'avoir à aromatiser un produit sans au préalable avoir à en masquer son odeur originelle. Imaginez si la substance de cachalot avait senti le poisson, sa carrière n'aurait pas nécessairement été la même…

Le produit ainsi raffiné est de plus insoluble dans l'eau et l'alcool à froid, mais très soluble dans l'alcool bouillant, l'éther, le chloroforme et le sulfure de carbone. Gains non négligeables de l'ingrédient, là aussi.

Mais Moby Dick a vécu et les baleiniers aussi. La chasse au cachalot, dont l'objectif principal était ce fameux spermaceti, est interdite en France depuis 1982. Le spermaceti était utilisé dans les lampes et éclairages à huile en raison de sa nature combustible, tout comme l'huile de baleine issue de la graisse de l'animal, pour les cosmétiques donc, mais aussi pour le tannage du cuir, comme lubrifiant, pour les bougies, les savons ou bien encore pour des excipients pharmaceutiques. Le cachalot fut en partie décimé pour cette raison.

Entrait aussi dans la composition de la crème de Jean-Baptiste, la très classique cire d'abeille, et des plantes « capitales » à la recette à hauteur de plus de 90 % de la composition. La plupart des ingrédients d'origine animale qui la composaient sont aujourd'hui proscrits des compositions cosmétiques. Sans oublier le fameux et désormais interdit borax.

C'est un ingrédient très ancien, les premières recettes écrites concernant son raffinage datent de l'an 1555 et semblent être vénitiennes. Le borax est une espèce minérale de borate de sodium hydraté. Il est aussi appelé borate hydraté de sodium. Pur, il se présente sous forme de cristaux incolores, prismatiques et courts. La cassure est facile, l'éclat va de vitreux à terreux. Dans la nature, les cristaux vont de transparents à opaques.

Le borax commercial ou industriel se présente souvent sous forme d'une poudre d'aspect salin, inodore et incolore, au goût douceâtre. Ce corps composé est non cancérigène, contrairement à l'idée reçue. Il se présente en paillettes solubles dans l'eau. Le borax peut entraîner des nausées, des irritations cutanées, des essoufflements, des maux de tête et de graves lésions des organes en cas d'empoisonnement, mais à très haute dose uniquement. Comme la plupart des choses quand on y songe… mais son interdiction se justifie du fait que même à dose faible, les sels de bore sont toxiques pour la reproduction humaine. Ils sont classés catégorie 1B selon le règlement européen (n° 1272/2008) et en conséquence sont interdits à la vente au grand public (1907/2006 dit REACH). Le bore n'est pas considéré comme un nutriment essentiel, il n'existe pas d'apports recommandés et aucune carence n'est constatée dans la population européenne. Dès lors, tout ajout de bore via des compléments alimentaires ou des produits de soins ne peut que présenter un risque de dépassement de la limite de sécurité. Un régime avec une bonne quantité de fruits et légumes fournit environ deux à cinq milligrammes de bore par jour. Donc pour les produits de soins à usage quotidien : *verboten* !

Donc pour Dominique, il s'agit de trouver des « remplaçants » aux ingrédients. D'autant que notre homme est non seulement un fervent défenseur de la cause animale, donc même pour d'éventuels tests du produit sur des animaux, il faudra lui proposer autre chose, mais en plus, la santé et le bien-être sont ce qui a toujours dirigé son hygiène de vie. De même que le « tout chimique » ne retiendra pas son attention. Il fait partie de ces gens qui pensent que l'utilisation d'ersatz ne peut se justifier qu'en période de guerre, et que la chicorée ne remplacera jamais le café. Et puis Dominique veut plutôt produire un sérum, comme nous l'évoquions plus tôt, car la formule trouverait dans ce conditionnement son entière plénitude.

Mais le produit de Jean-Baptiste en son temps était quand même une excellente crème hydratante d'une part, et un excellent revitalisant pour la peau d'autre part. L'eau de rose étant le produit essentiel de l'époque pour ce dernier bienfait. Et bien évidemment, Jean-Baptiste l'utilisait.

L'eau de rose…

Des souvenirs en pagaille pour moi : la coiffeuse de ma grand-mère, celle de ma mère et aujourd'hui celle de ma femme… mystère et parfums de mystères des soins féminins. Alchimie et délicatesse, secrets et douceur. Quel bel univers que celui de la beauté des femmes, tout en nacre, en soie et en élégance.

L'eau de rose est encore beaucoup utilisée dans l'industrie cosmétique comme fragrance. L'eau de rose ou hydrolat de rose est un sous-produit de la distillation de pétales de rose pour la fabrication d'huile essentielle de rose. De manière générale, les eaux florales sont utilisées pour les soins de la peau ou des cheveux, et pour nombre de personnes, au même titre qu'une crème de jour ou qu'un soin capillaire. Ces subtils hydrolats de plantes sont des produits cosmétiques et d'hygiène réputés sans risques, même dans un usage quotidien et sur le long terme. Leur teneur en huiles essentielles est faible, communément à moins de 5 %, donc sans allergènes et sans agressivité. Parmi les grands classiques de ces produits, on trouve aussi l'eau florale de bleuet, l'eau florale d'oranger ou encore celle de jasmin. Les vertus de l'eau de rose sont multiples : elle nettoie la peau en profondeur et c'est un antibactérien naturel reconnu, elle est aussi très efficace en cas de peau grasse, car elle permet de resserrer les pores de la peau à l'usage. Elle est hydratante. Elle lisse et revitalise la peau. Elle apporte également un teint éclatant et frais au visage. Mélangée à un peu d'huile d'argan ou d'amande douce, elle deviendra un démaquillant très efficace.

L'eau de rose combat également les rides et ridules avec une certaine efficacité, car elle est riche en antioxydants, et de par le fait, contribue à repousser le vieillissement de la peau. L'eau de rose peut aussi être utilisée pour faire disparaître les vergetures et elle possède des vertus cicatrisantes comme elle est, dans le même temps, un excellent soin après-soleil. Mais ce ne sont pas là ses seuls atouts, car la liste est longue et nos grand-mamans, qui tenaient la recette de leurs propres grand-mamans, et on peut remonter comme ça jusqu'à l'Antiquité, avaient bien compris la notion du « tout-en-un » avant que L'Oréal ne s'en mêle, en l'utilisant. L'eau de rose n'est pas que bénéfique pour la peau, elle peut aussi entrer dans la composition de masque et de shampoing pour cheveux. Je me souviens d'avoir vu cet ingrédient dans le « fameux shampoing aux œufs » normand, par exemple. Il est évident que tous les cosméticiens du début du siècle dernier, qui, rappelons-le, inventaient le domaine, ne pouvaient pas passer à côté de cette source miraculeuse de bienfaits qu'est l'eau de « mamie rose ». Et jusqu'à Pierre de Ronsard qui en ajouta en poésie pour « les mignonnes » de son époque. La rose, de tout temps, fut associée à la beauté et la jeunesse.

Le sérum deviendra une évidence pour Dominique, qui gardera les éléments rares et secrets de la formule, mais qui devra « améliorer » le produit et surtout le mettre aux normes. Très vite, il apparaîtra que cette « actualisation » du produit, et son passage à l'état de sérum, demanderont de très gros investissements. Dominique établira donc en premier lieu un partenariat financier.

En octobre 2019, le lancement de l'entreprise qui exploitera la formule de Jean-Baptiste et de Dominique sera officiel. Le laboratoire de Créteil aidera et proposera son aide pour réaliser le sérum Polare. Unique en son genre. De par les extraits de plantes qu'il contient.

Normalement, le départ de la gendarmerie devra s'acter en 2021 pour Dominique. Et, n'aimant pas particulièrement se retrouver en position d'attente, il avait anticipé et lancé une opération de prospection du côté de la sécurité. Il se proposait comme directeur de sécurité à différentes entreprises. Après 39 ans de bons et loyaux services. 58 ans au moment des faits. Et le destin des Large le rattrapera une fois de plus. Le sérum tombe bien. Mais il y avait quelque chose qui s'était lancé avant. Et Dominique fait partie de ces gens, bordés d'optimisme et de générosité, qui pensent sincèrement que la vie est bien faite. Les événements ne lui donneront pas tort.

Je lui ai bien évidemment posé la question que certains d'entre vous peuvent se poser : comment se fait-il qu'un officier de gendarmerie, militaire en opération permanente, se passionne pour le cosmétique ?
George Smith Patton Jr. mettait-il une crème du soir ?
Le général de Gaulle aimait-il l'eau de rose ?

Blague mise à part, les révélations sont pour le chapitre suivant.

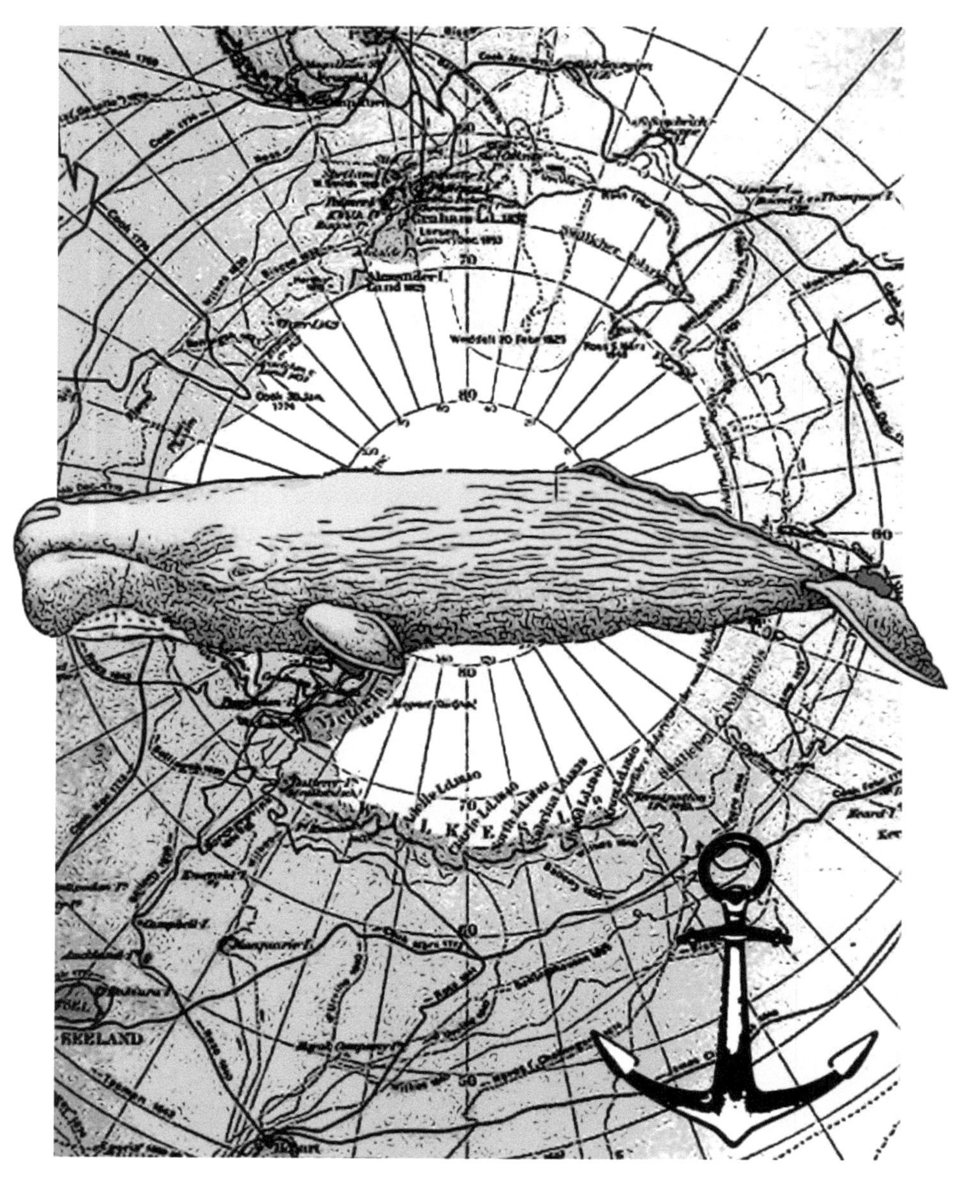

Illustration réalisée d'après photographie par traitement informatique
Cat's Society copyright 2023

VI

POLARE ou l'anti-âge Miracle

Nous allons devenir « encyclopédistes » le temps d'un long chapitre, ceci dans le but de satisfaire nos lecteurs, qu'ils soient ou non déjà utilisateurs du sérum. De les satisfaire et de répondre à leurs attentes sur deux sujets principaux : la composition et l'utilisation du sérum. Vous verrez alors qu'il ne s'agit pas d'une énième poudre de perlimpinpin, vendue pour être vendue, mais bel et bien d'un produit high-tech élaboré avec soin pour votre confort. Et, surtout, pour votre bien-être quotidien. Nous allons, sur le schéma défini par Dominique Large lors de nos entretiens, traiter le sujet en quelques points bien définis, sans poésie ni fioritures littéraires, de façon à ce que vous, utilisateurs comme futurs utilisateurs, vous soyez parfaitement informés sur votre produit. Et sur ses composants. Instruisons-nous et apprécions le choix des ingrédients du sérum de soins anti-âge de **Polare** à juste titre.

Premier point : la description du produit

Polare âge Miracle est plus qu'un simple sérum ACTIF, c'est un dispositif scientifique et technologique qui lifte la peau et prévient les rides et les ridules de votre cou et visage. Il est aussi un stimulant reconnu pour votre peau, testé et attesté. Vous trouverez dans les pages suivantes de ce chapitre, en illustrations de ce dossier, les attestations et autres certifications relatives au produit. Vous verrez également que ses ingrédients ont été glanés sur les 5 continents. Votre sérum favorise la recharge utile en acide hyaluronique de votre corps dans et par son usage quotidien. Pour le sérum, notons que l'hyaluronate de sodium vient en complément de l'acide pour l'adoucir. Rien n'est laissé au hasard chez **Polare**. Vous avez dit **Polare**, comme c'est bizarre !

D'ailleurs, qu'est-ce que l'*acide hyaluronique* exactement ?
Et en quoi est-il essentiel pour combattre les stigmates de l'âge ?
Vous voulez en savoir plus, bien naturellement ?

La structure chimique de l'acide hyaluronique a été déterminée dans les années 1930 dans le laboratoire du chercheur en ophtalmologie américain Karl Meyer. Le premier produit biomédical à base d'acide hyaluronique, Healon, est développé dès les années 1970 et il a été approuvé pour des usages en chirurgie ophtalmique pour la transplantation de cornée, le traitement de la cataracte et autres. Dans les années 1980, on démontre une corrélation positive entre le taux d'acide hyaluronique et le degré et la vitesse de prolifération cellulaire. Véritable bond scientifique. Depuis les années 1990, il est très utilisé dans divers dispositifs médicaux comme antistatique, hydratant, conditionneur cutané et anti-âge. L'acide hyaluronique est principalement issu de la fermentation bactérienne : les filaments d'acide hyaluronique sont synthétisés par des bactéries programmées pour cela. Actuellement, l'acide hyaluronique est obtenu par fermentation de végétaux qui en contiennent naturellement, tels que le blé, le maïs ou le soja. La viscosité du gel est proportionnelle au poids moléculaire et à la longueur des chaînes du polymère. La viscosité détermine la vitesse de dégradation du produit après implantation. Donc, choisissez le bon produit. Comme on le répète chez Polare, tout est une question de dosage.

Un homme d'environ 70 kg contiendrait environ 15 grammes d'acide hyaluronique, dont 5 grammes seraient automatiquement renouvelés chaque jour. La peau contient à elle seule 50 % de cette quantité d'acide hyaluronique présent dans le corps. Taux qui malheureusement chute avec le vieillissement.

Applications esthétiques de l'acide hyaluronique

Contre les rides. Depuis le début des années 2000, l'acide hyaluronique est utilisé en médecine esthétique, comme produit injectable de comblement de rides. Voici quelques produits relativement connus, voire assez médiatisés pour certains, dont la base est constituée d'acide hyaluronique : le Juvederm, Belotero, le Teosyal, le Restylane, Captique, Hylaform de Biométrie, le Varioderm, l'HydraFill, le Hyaluderm, le Stypage de Vivace Laboratories ou le Perlane de Medicis Esthétiques. Ces produits sont en nombres sur le marché mondial, car jeunesse et beauté sont un souci universel, ne l'oublions pas, et ce, quelles que soient les nationalités. La marque **Polare** ne déroge pas à la règle, ses partenariats se multiplient en conséquence à l'international, notamment en Asie. Ces produits, donc, tendent à supplanter les anciennes et traditionnelles injections de collagène, car l'acide hyaluronique a sur eux plusieurs avantages, dont quelques-uns qui ne sont pas des moindres. Détaillons un peu, et précisons que le produit phare de la marque **Polare** est un sérum. Donc, réfléchissez bien avant de vous laisser tenter par une aiguille.

En premier lieu, la substance hyaluronique ne favorise pas les cas d'allergies, et elle serait pour tout dire, d'après les différents rapports et études médicales qui ont été consultés lors de l'élaboration de la formule finale du produit, tout à fait exceptionnelle. Car cette substance a changé la donne.
Le vaste panel de formulations variées qu'offre cet acide permet *d'obtenir des propriétés différentes selon le degré de réticulation du produit et une adaptabilité importante en fonction de la zone à traiter.* Vous lisez ici la formule consacrée. *Un produit fluide est plus hydratant qu'un gel épais formateur de volume qui lui est produit très réticulé.* Ce qui est bien évidemment le cas de votre sérum Polare. Les propriétés hydratantes sont réelles, même à faible dose. Seulement, certains laboratoires ont mis au point des crèmes antirides à base d'acide hyaluronique, dont l'efficacité est aujourd'hui discutée. Nous ne les nommerons pas. Mais, cette efficacité est réellement mise en doute, pour ces crèmes. Or, il se trouve que Dominique Large le savait, et mieux, l'avait constaté en tant qu'utilisateur. N'oubliez pas que la formule initiale de Jean-Bap-

tiste demandait une mise à jour, comme vous l'avez lu précédemment, en raison de la disparition de certains produits de ses composants. Aussi, si vous voulez produire efficacement, que vous êtes conscient des risques de l'injection, que le botox n'est pas votre tasse de thé et que pour vous, après essais, les crèmes ne sont pas forcément le moyen le plus efficace d'obtenir les résultats escomptés, vous adaptez la formule centenaire sous sa forme la plus efficace : un sérum. Un sérum qui est dosé en ampoules, pour une utilisation quotidienne. Justement dosé. Pour votre confort, mais aussi pour une efficacité optimale de la formule.

Correction des volumes du corps

On utilise également, non sans risques, un gel d'acide hyaluronique pour l'augmentation de certains volumes corporels comme les fesses, les mollets, les pectoraux ou encore le pénis. Les propriétés des acides hyaluroniques permettent *théoriquement* de redonner du volume à toutes les parties du corps qui en manqueraient. Avec, bien évidemment, des effets transitoires et des quantités parfois importantes à injecter…
Nous ne saurons que vous recommander la prudence. Ces techniques s'accompagnent assez fréquemment de l'injection de silicone fluide, d'huiles, de paraffine, de certaines pommades, de vaseline ou de collagène et entraînent parfois des effets secondaires différés désastreux nécessitant de complexes opérations de reconstruction. Plusieurs de nos stars féminines en sont les malheureuses témoins.

Au cours de la vie, des rides se forment naturellement sur la peau, et notamment sur le front, entre les yeux, ce qui est communément appelé la ride du lion, puis au coin externe des yeux, la fameuse ride de la patte d'oie, autour de la bouche, sur les joues, sur le cou et au final, un peu partout ailleurs. Ces marques outrageantes du temps sont liées au vieillissement cutané naturel. Mais elles peuvent être accélérées par les agressions quotidiennes comme la pollution de l'air ou de l'eau, par les abus de tabac, d'alcool, ou être aussi stimulées par une mauvaise hygiène alimentaire, elles peuvent être aussi précipitées par l'effet du soleil et par ce que peu de gens prennent en compte, à savoirs par des pertes musculaires des mécanismes faciaux. Les traitements de base, pour les plus connus, sont l'injection de toxine botulique et l'injection d'acide hyaluronique, qui est parfois proposée après ou avant ce traitement, pour venir plus ou moins lisser la surface cutanée en apportant du volume sous le pli de la ride à traiter. Le sérum **Polare**, lui, ne s'injecte pas. Vous en mesurez le bénéfice jour après jour. Sans rendez-vous, sans aiguilles, sans séances et sans chéquier.

Les usages de l'acide hyaluronique en médecine esthétique peuvent être catégorisés selon le but. Voyons les agissements de l'acide sur les zones les plus communément « travaillées » par la médecine, justement :

- ➢ La projection des pommettes
- ➢ La correction de tempes creuses
- ➢ La masculinisation d'une mâchoire
- ➢ La projection du menton
- ➢ Certains défauts d'aspect du nez
- ➢ Les joues creuses

La correction permet de redonner du volume à une zone qui en aurait perdu par les processus normaux du vieillissement ou qui nécessiterait la correction de volumes physiologiquement insuffisants à l'idée esthétique du patient. Pour ces *corrections de volume*, les produits choisis *sont fortement réticulés* et ils sont *injectés en profondeur*, directement au contact de l'os sous-jacent. D'autres défauts de volumes sont plus superficiels et nécessitent un acide hyaluronique modérément réticulé. Je lis : « *Plus un produit est réticulé et plus il aura tendance à conserver sa forme, si le produit est injecté à proximité de la surface de la peau, on aura facilement tendance à le voir sous forme d'une boule visible à la surface de la peau.* » Pour ces défauts, l'injection est sous-cutanée et elle est adaptée à :

>   La correction de cernes creux
>   Le comblement de sillons
>   Le comblement de plis d'amertume
>   L'augmentation du volume des lèvres

Une séance d'injections d'acide hyaluronique dure environ quinze minutes. Le spécialiste injecte l'acide hyaluronique dans le derme, à quelques millimètres de profondeur. Les effets de l'acide hyaluronique sont immédiats après injection et ont une durée de vie d'environ six à neuf mois. Dans le meilleur des cas.

Hydratation de la peau

Cet acide a un effet hydratant à faible dose, un dosage de 1 % suffit dans une crème de soin commune, cette molécule active est évidemment très utilisée dans les matériels cosmétiques dits « de comblement ». Par l'utilisation de techniques de mésothérapie, l'utilisation d'acide hyaluronique permet d'apporter une hydratation en profondeur à la peau. L'acide hyaluronique agit un peu comme, pour donner une image, une sorte d'éponge moléculaire. Il est une des **biomolécules** ayant des propriétés **hygroscopiques** exceptionnelles. Songez que cette molécule est capable de retenir jusqu'à mille fois son poids en eau ! Qui dit mieux que cette molécule gargantuesque qui contribue si généreusement à l'hydratation de la peau ? Une substance *hygroscopique* est une substance qui a tendance à retenir l'humidité de l'air, par absorption ou par adsorption ; pour mieux la situer, prenons quelques exemples de substances hygroscopiques. Elle est naturellement contenue dans de nombreux minéraux, comme le chlorure de sodium (le sel de cuisine) ou encore la sylvine (potassium). Mais si c'est une composante essentielle de l'acide hyaluronique, on la retrouve dans le pentoxyde de phosphore, la glycérine, le miel, l'acétate et le chlorure de calcium ou encore le lactose et le fameux et cosméticien oxyde de bore.

Contre-indications aux injections
d'acide hyaluronique

Ce sont : les possibles infections en cours chez l'adulte, la grossesse, les maladies auto-immunes, les maladies inflammatoires, l'herpès labial et les antécédents d'allergie.

C'est pour cette raison que l'injection reste dangereuse et que l'équipe de Dominique Large et lui-même n'ont pas choisi cette voie, mais celle du sérum en application quotidienne dosée à la perfection, pour que le risque sur la santé de l'utilisateur soit réduit à néant. Mais nous allons y revenir. Notez que la pratique de l'injection d'acide hyaluronique est strictement réglementée. *Tout médecin pratiquant les injections d'acide hyaluronique doit être inscrit au tableau du conseil de l'Ordre, être autorisé à pratiquer sur le territoire où il exerce et justifier d'une formation spécifique.* On ne plaisante pas avec la santé, et chez **Polare**, encore plus qu'ailleurs.

Le saviez-vous ?

Cancérologie : Une corrélation positive a été démontrée entre l'augmentation des taux de produits de dégradation de l'acide hyaluronique dans le sang, et le degré de malignité de certains cancers comme le cancer du sein.

Chez le rat, l'acide hyaluronique semble avoir des vertus anticancéreuses. Ceci a suscité des recherches pour son usage éventuel dans le traitement du cancer.

Ophtalmologie : Certains acides hyaluroniques favorisent la reconstitution et la cicatrisation des tissus principalement après une opération de la cataracte. En collyre, ils peuvent aussi favoriser l'hydratation de la cornée.

ORL et système digestif : il existe des pastilles adoucissantes destinées à calmer l'extinction de voix, ou utilisées dans les traitements d'atteintes aphteuses de la muqueuse buccale. Des acides hyaluroniques sont utilisés pour limiter les frottements entre les aliments érosifs, les acides et la muqueuse gastro-œsophagienne. L'acide hyaluronique et le sulfate de chondroïtine soulagent des symptômes du reflux et contribuent à la régénération et à la cicatrisation de la muqueuse endommagée.

VII

Les réponses du sérum Polare anti-âge Miracle

Vous avez donc lu tout ce qui concerne les effets de l'acide hyaluronique. Ils sont associés dans leur aspect cosmétique, et esthétique, non médical, c'est-à-dire sans injections cutanées, à la formule « mère » de Jean-Baptiste Large, son créateur, et au sérum de Dominique Large, son développeur. Résumons pour ce qui est des effets de notre sérum. Il lui est demandé, par une application quotidienne, matin et soir pour une efficacité optimale :

➤ **D'offrir une recharge quotidienne à la peau en acide hyaluronique**
➤ **De lifter la peau**
➤ **De contraindre les rides**
➤ **D'effacer les ridules**
➤ **D'agir sur tous types de peaux, grasses ou sèches.**
➤ **D'être efficace même sur les dermes les plus sensibles**
➤ **D'être hypoallergénique**
➤ **De répondre aux normes en vigueur tant en cosmétologie qu'en pharmacie**
➤ **D'être testé et certifié conforme, même en ophtalmologie**
➤ **De raffermir la peau**
➤ **D'éclaircir le teint**
➤ **De renforcer la peau et la protéger des agressions quotidiennes environnementales**
➤ **D'être anti-inflammatoire et apaisant**
➤ **D'avoir un effet notable anti-âge**

Pour l'essentiel. Et c'est ce que *Polare anti-âge Miracle* offre à ses consommateurs. La haute technologie au service du bien-être. Quelques minutes par jour, en application locale, sans risque pour le consommateur, à prendre soin de vous et de

votre capital jeunesse. Où que vous vous trouviez, le conditionnement du produit est fait pour ça. C'est ce que vous propose
Polare. Un produit efficace, aux effets reconnus et surtout, et
pour Dominique Large cela semble être très important et même
être le pilier de sa philosophie sur le produit, Polar vous propose du bien-être et de l'attention.
En quoi ce sérum se différencie-t-il de ses concurrents sur le
marché ?
La cosmétique actuelle est une industrie, au fort potentiel financier, alors, entre mille marques, mille bienfaits, mille mensonges
et mille vérités, que choisir ?
Pour nous, c'est simple : lisez et voyez, jugez et informez-vous,
car, chères lectrices et chers lecteurs, voici maintenant, avec
quelques petits secrets en moins, notamment sur les dosages,
l'essentiel de sa composition. Vous voyez que monsieur Large
joue la transparence avec ses consommateurs. Et, d'après lui, je
cite : « *C'est bien la moindre des choses.* »

POLARE
PARIS
L'Âge - MIRACLE

VIII

La composition du sérum Polare anti-âge Miracle

Ou

Comment tout savoir sur ses composants

Je l'ai déjà évoqué, Dominique Large est « un sincère né », et comme je l'ai évoqué aussi, sa carrière, qui était tout autre, est faite. Il n'y a rien de vital dans la démarche. C'est donc dans l'esprit de son arrière-grand-père, Jean-Baptiste, dont vous avez lu l'histoire, qu'il développe cette marque, inédite, et rare dans sa conception factuelle autant que commerciale. Voici donc la liste des ingrédients de notre sérum anti-âge, et Mesdames et Messieurs, c'est une première, puisque c'est totalement inédit.

Spilanthes acmella

La première description est due à Johan Andreas Murray en 1774. Le basionyme de ce nom est Verbesina acmella. La spilanthes acmella est utilisée comme complément alimentaire pour réduire la sensibilité à la douleur et augmenter les niveaux de testostérone. Elle est aussi appelée *Brède mafane* ou plus communément *cresson de Pará* en référence à un État du nord du Brésil, ou bredy mafana, « herbe chaude », en raison de son goût particulièrement relevé et pimenté. Elle n'est pas inconnue des personnes qui ont voyagé à Madagascar, à la Réunion ou dans les îles de l'océan Indien, car elle y est cultivée et consommée, bien que son continent d'origine soit l'Amérique centrale et du Sud. Aujourd'hui, la plante a conquis également les cuisines d'Asie du Sud-Est. Et une certaine marque de cosmétique… comme **Polare**.

Le cresson de Pará jaune se présente comme une plante annuelle composée des feuilles vert foncé, ovales et entières, mesurant au maximum une dizaine de centimètres de long. Elle fleurit de juillet à octobre. Ses boutons floraux peuvent aussi être consommés. Ces feuilles digestes et stimulantes sont appréciées pour leur saveur piquante. Le plat national malgache, le romazava, compte cette plante dans ses ingrédients. À noter que les feuilles crues mâchées directement sont réputées antiscorbutiques (contre le terrible scorbut donc) et sont utilisées pour calmer les rages de dents, un peu comme nos clous de girofle traditionnels. Cette plante a besoin de chaleur et d'une exposition ensoleillée. Les feuilles se conservent peu de temps ; une fois cueillies, elles se fanent rapidement. Plusieurs espèces tropicales de Spilanthes et d'Acmella ont été traditionnellement utilisées par la médecine. Au Brésil, par exemple, le cresson de Para, connu sous le nom de « jambu », est mélangé avec du jus de manioc, des piments forts et de l'ail pour parfumer la tacaca, la soupe locale traditionnelle.

Le genre Spilanthes comprend environ 300 espèces. Le genre Acmella en comprend quant à lui environ une quarantaine. Spilanthes et Acmella sont très importants dans toutes les médecines traditionnelles du monde puisque l'on a répertorié une soixantaine de pathologies soulagées par ces espèces de la famille des astéracées. Elles entrent aussi dans les composants phares des huiles essentielles, en variant en fonction des espèces. Voici quelques utilisations de cette variété et elles ne datent pas d'hier :

➢ La Spilanthes americana est utilisée contre la malaria chez les Tumacos de Colombie.

➢ La Spilanthes americana est utilisée pour les blessures et pour les fièvres chez les Mayas Tzotzil du Chiapas au Mexique.

➢ Elle est utilisée au Brésil pour soigner le cancer de la prostate.

➢ Elle est utilisée au Pérou pour les pathologies des dents et de la gorge.

➢ Les Spilanthes sont utilisées chez les Tikunas du Brésil pour les infections des dents. Les Tikunas appliquent également le jus extrait des tiges, chauffées sur le feu, afin de soulager les inflammations oculaires. Cette espèce est également utilisée pour soulager les pathologies gastro-intestinales.

➢ Les sommités florales de Spilanthes sont utilisées, chez les Sionas du Pérou, pour les infections des dents.

➢ Au Sri Lanka et au Nigeria, Spilanthes oleracea et Spilanthes uliginosa sont utilisées comme sialagogues.

➢ En Ouganda, les Spilanthes africana sont utilisées pour induire l'accouchement.

➢ En Chine, Spilanthes callimorpha est utilisée comme agent de régulation de la fertilité et pour traiter l'aménorrhée.

➢ En Afrique, Acmella oleracea et Spilanthes filicaulis sont utilisés pour traiter les morsures de serpents et pour les fièvres rhumatismales. Elles sont également utilisées par différents systèmes de médecine traditionnelle à l'encontre de la leishmaniose.

Les Spilanthes possèdent, selon le genre, une activité antiscorbutique, antiseptique, antitumorale, spasmodique, insecticide, sialagogue et stimulante. Elles peuvent traiter : les pathologies de la bouche, de la gorge et des dents, les infections et les aphtes, la paralysie de la langue, les saignements de gencives et les gingivites. Elles sont aussi efficaces pour d'autres pathologies comme les maux de tête, les douleurs musculaires et les rhumatismes. Les refroidissements, les fièvres et les toux. Elles sont aussi un anesthésique en applications locales. Les pathologies gastro-intestinales telles que les maux de ventre, la dysenterie, les gastrites, les maladies intestinales, les diarrhées, les troubles du foie. Comme tonique durant la jaunisse et comme émétique pour la constipation. Comme antiseptique pour les brûlures, les blessures et les furoncles. Pour dissoudre les calculs rénaux. Comme aphrodisiaque et agent de régulation de la fertilité. Pour traiter l'aménorrhée, l'anémie et la leucorrhée. Pour ses qualités anti-infectieuses, antibactériennes, antifongiques, antivirales. Pour traiter la pneumonie et la tuberculose. Comme agent insecticide. De nombreuses études pharmacologiques ont validé toutes ces connaissances médicinales traditionnelles sur l'activité de ces espèces de plantes sur le corps humain.

Quant à l'Acmella, en particulier, puisque c'est celle-ci que contient le sérum, elle possède une activité antispasmodique, analgésique, anesthésique, cholinergique, anti-inflammatoire, sialagogue et stimulante du système nerveux. Selon l'étude laborantine réalisée à la demande de Dominique Large, cette plante stimule l'activité des fibroblastes. Ce sont des cellules résidentes du derme qui en assurent la cohérence et la souplesse. Et cette stimulation provoque la formation naturelle des élasticines et du collagène. Ce qui dans notre cas, pour le sérum, n'est pas négligeable, n'est-ce pas ?

Hamamélis virginiana

L'hamamélis est un arbuste courant en Europe et en Amérique du Nord. Et c'est un des composants du sérum. Il est utilisé communément comme traitement des problèmes de circulation sanguine, comme les jambes lourdes, les varices ou les hémorroïdes. Yves Rocher, d'ailleurs, lancera sa marque avec une crème anti-hémorroïdes. L'hamamélis possède aussi d'intéressantes propriétés vasoconstrictrices et hémostatiques. L'hamamélis est aussi utile pour les troubles cutanés. C'est principalement cette dernière vertu qui nous intéresse. Pour **Polare**, c'est surtout la protection contre les effets indésirables du soleil sur la peau et l'élimination des peaux mortes qui intéressent le sérum. Ses propriétés dermiques apaisantes également. Voyons sa fiche.

Noms communs : Hamamélis, hamamélis de Virginie, noisetier des sorcières, café du diable.
Classification botanique : famille des hamamélidacées.

Formes et préparations : feuilles séchées, tisanes, gélules, essences, infusions, décoctions, teintures, lotions, granulés homéopathiques, eau d'hamamélis, onguents, crèmes, suppositoires et compresses, pour l'essentiel.

Propriétés médicinales de l'hamamélis : traitement de divers problèmes circulatoires. Propriétés vasoconstrictrices, hémostatiques et <u>astringentes</u>.

Utilisation externe : <u>traite les peaux crevassées ou abîmées par le soleil, le froid ou le vent. Réduis et apaise les contusions. Traite également les infections cutanées comme l'eczéma. Désinfectant, décongestionnant et cicatrisant.</u>

Je trouve ce descriptif fort bien fait dans mes recherches sur le « troisième composant » du sérum de la liste qui m'a été fournie par Dominique. Je vous en livre le condensé très instructif sur les vertus de l'hamamélis :

« L'utilisation de l'hamamélis permet aussi de traiter les hémorragies internes légères. L'hamamélis possède des vertus désinfectantes et soigne efficacement les petites blessures et les escarres. Il agit également efficacement pour traiter la couperose. L'hamamélis est utilisé depuis la nuit des temps par les médecins et autres sorciers et chamanes des peuples indiens d'Amérique du Nord. Les Européens découvrirent l'hamamélis durant la colonisation et l'importèrent sur leur continent dans le courant du XVIIIe siècle. Ils l'utilisèrent essentiellement pour ses vertus astringentes, et on trouve aujourd'hui cet arbuste un peu partout sur le Vieux Continent. On utilise aussi l'hamamélis en homéopathie. Les propriétés de l'hamamélis sont semblables à celles de la vigne rouge, c'est pourquoi ces deux plantes sont souvent associées dans les préparations pharmaceutiques. Les parties de l'hamamélis utilisées en phytothérapie sont les feuilles, les graines, ainsi que les toutes jeunes brindilles et l'écorce. Les feuilles sont séchées avant d'être réduites en poudre pour fabriquer les gélules ou pour être tout simplement utilisées en tisanes. Pour ce principe actif, l'hamamélis contient des tanins astringents en grandes quantités, ainsi que des flavonoïdes. Les propriétés de régulation de la circulation veineuse de l'hamamélis sont dues à la rutine, qui a une action veinoto-

nique, et aux vitamines P, qui ont la capacité de protéger les parois des veines. L'hamamélis renferme également des mucilages et de la saponine. Pour un usage externe, utilisez également les jeunes rameaux et des morceaux d'écorce dans votre décoction à un dosage d'une dizaine de grammes pour un quart de litre d'eau et appliquez la préparation froide à même la peau ou avec une compresse. »

À noter que cette plante s'additionne fort communément avec de l'eau de rose ou de l'eau de bleuet, dont nous avons parlé précédemment, et qu'aucune interaction n'est connue entre l'hamamélis et des médicaments courants. Les propriétés cicatrisantes et anti-inflammatoires de l'hamamélis sont reconnues par les médecins et les phytothérapeutes. Les parties de l'hamamélis utilisées en phytothérapie sont les feuilles, les graines, ainsi que les jeunes brindilles ou pousses et l'écorce. Les feuilles sont séchées avant d'être réduites en poudre pour fabriquer les gélules ou pour être tout simplement utilisées en tisanes. Vous trouverez toute la documentation nécessaire, pour en faire tisane et onguent, sans aucune difficulté sur le Web. Ou dans la boutique bio la plus proche comme chez votre pharmacien.

Voyons maintenant un autre ingrédient, encore une plante, pas de chimie apparente, dame Nature étant, comme aime à le dire Dominique Large, « prodigieusement généreuse ». Parlons des extraits de racine de Glycyrrhiza glabra que contient le sérum **Polare âge Miracle.**
Vous ne situez pas ?
Eh bien l'autre nom de ces racines, c'est la réglisse. Non, moi non plus je ne savais pas, rassurez-vous…

Illustration réalisée d'après photographie par traitement informatique
Cat's Society copyright 2023

Racine de Glycyrrhiza glabra

La réglisse ou réglisse glabre, du grec Glycyrrhiza glabra, est une plante vivace de la famille des fabacées, connue pour ses racines aromatiques. Elle est originaire du sud de l'Europe et de l'Asie. Et de mon temps, et je vous parle d'un temps que les moins de 50 ans ne peuvent pas connaître, c'était un accessoire indispensable à avoir dans les poches pendant la récréation.

Élixir de longue vie pour la médecine traditionnelle chinoise et selon Hippocrate, cette racine au goût caractéristique est récoltée depuis l'Antiquité sur la côte calabraise, où elle pousse naturellement. La réglisse aime les sols riches et humides et elle a besoin d'un climat chaud, comme sur le pourtour de la Méditerranée, dans le sud des États-Unis, au Moyen-Orient, en Afrique du Nord et à l'île Maurice. La réglisse a tendance à devenir invasive : même après arrachage des racines, le moindre fragment laissé en terre engendre un nouveau plant à la saison suivante. La réglisse était connue des Grecs et des Romains, de Théophraste et de Sainte Hildegarde, qui l'employaient notamment pour s'éclaircir la voix, même si en Bretagne, nous préférons le vin blanc pour cela. La réglisse est aussi connue pour apaiser les douleurs cardiaques, faciliter la digestion ou encore calmer les quintes de toux. Mélangée avec de la racine de chiendent torréfiée, elle entrait dans la composition de boissons dites « hospitalières », qui se trouvaient sur les tables de chevet dans tous les hôpitaux. Tout comme l'hamamélis, cette racine était considérée comme un « soigne-tout ». Elle ne faisait pas de mal, donc elle ne pouvait que faire du bien, en clair.

Dans la pharmacopée traditionnelle, on la retrouve pour soigner les maux de gorge, la bronchite et la mauvaise haleine, comme l'extrait de trèfle. La réglisse contient de nombreux principes actifs, dont l'acide glycyrrhizique, lié aux sels de calcium et potassium.

Le saviez-vous ?

Pour la santé : L'hypertrophie bénigne de la prostate (BPH) ainsi que la croissance des tumeurs cancéreuses de la prostate sont courantes chez les populations âgées en Occident et relativement moins courantes en Orient. Le cancer de la prostate serait 20 fois moins détecté au sein de la population chinoise qu'au sein de la population des États-Unis. En cause : les habitudes médicamenteuses et alimentaires.

La réglisse sèche contient 3 à 5 % de glycyrrhizine, cette substance modifie le métabolisme des hormones corticoïdes en inhibant une enzyme importante qui transforme normalement le cortisol, très actif, en cortisone, beaucoup moins active. Aujourd'hui, l'extrait de réglisse est un composé fréquemment retrouvé dans les formules cosmétiques. Son dosage recommandé est compris entre 2 et 5 %. Pour obtenir l'extrait, les racines sont séchées puis réduites en poudre. La plante est parfois qualifiée de promélanine par certaines marques de cosmétique, c'est-à-dire qu'elle stimule la mélanogénèse à l'origine du bronzage. On la retrouve fréquemment dans la composition des crèmes autobronzantes. Mais l'extrait de la réglisse sert surtout pour lutter contre les taches pigmentaires. L'hyperpigmentation est due à un dérèglement du processus de la pigmentation naturelle de la peau. Si la mélanine naturelle est en surproduction en certains endroits, cela entraîne l'apparition de taches inesthétiques.

De l'avis général, on répertorie ces taches de peau en trois catégories principales :

➢ Le « masque de grossesse » lié aux dérèglements hormonaux.

➢ Les taches de soleil, le plus souvent dues à une exposition excessive.

➢ Hyperpigmentation post-inflammatoire qui résulte d'une surproduction de mélanine après des lésions qui peuvent êtres dues à des blessures, des brûlures ou encore, et entres autres cas répertoriés, à des poussées d'acné juvénile.

L'efficacité de l'extrait de réglisse est due à la présence de gla-bridine, qui est un puissant dépigmentant, fort connu pour ses vertus éclaircissantes et antitaches. Il est capable d'inhiber la production de mélanine et donc, s'il y a moins de mélanine pro-duite, il y a moins de pigments, donc moins de taches brunes qui apparaissent ici et là. **Polare** a inclus cet ingrédient pour que l'utilisateur bénéficie d'un teint plus clair, plus lumineux et plus uniforme. L'extrait de réglisse est aussi excellent pour protéger la peau des radicaux libres. L'acide glycyrrhizique confère une activité anti-inflammatoire. Il soulage ainsi les peaux irritées, les rougeurs ainsi que les démangeaisons et l'eczéma. Pour limiter l'apparition des tâches cutanées dues au vieillissement, les peaux matures peuvent aussi utiliser des soins contenant de l'extrait de réglisse. Ce composé est ainsi présent dans des sé-rums éclaircissants et des crèmes apaisantes.

Le squalane végétal

C'est un élément constitutif du sébum de la peau, et du sérum. Cette substance est très bien assimilée par les cellules cutanées. Il offre de nombreux bienfaits cosmétiques. Chez **Polare**, c'est bien compris.

Généralement issu de l'huile d'olive, le squalane végétal est une sorte d'huile transparente et sans odeur. D'un point de vue chimique, il ne s'agit pas d'une huile classique, mais d'un presque hydrocarbure qui agit comme une huile, mais sans laisser de résidu gras ou de pollution. C'est son affinité avec le film hydrolipidique de la peau qui en fait un ingrédient d'exception. Le sébum est composé naturellement d'approximativement 15 % de squalane. En formant un film à la surface de la peau, il est constitutif de notre barrière naturelle et empêche le dessèchement. C'est un peu la couche d'ozone de la peau.

D'abord d'origine animale dans ses extraits, il y a quelques an-nées encore, il provenait essentiellement d'un extrait du foie de requin. Chez **Polare**, toute substance animale, liée à sa chasse ou son exploitation, est naturellement bannie. Comme les expérimentations sur les animaux. C'est indiscutable. Cela est vérifiable par le consommateur sur le site de l'INCI (International Nomenclature of Cosmetic Ingredients). Et ceci est valable pour toutes les marques dites « grand public ».

Précieux pour une bonne hydratation de la peau, le squalane végétal prévient la perte insensible en eau et améliore l'élasticité des tissus. Il prévient également l'oxydation tout en assurant une sensation agréable et confortable. Il facilite l'application du soin, améliore l'absorption des crèmes et des sérums par la peau et la pénétration de certains autres ingrédients. On trouve aussi du squalane dans les shampoings, après-shampoings et masques capillaires.

Le panthénol

C'est là aussi un ingrédient de référence en cosmétique, que ce soit dans les soins de la peau ou dans les produits capillaires, le panthénol possède de nombreux bienfaits « beauté ». Le panthénol est le nom donné à la provitamine B5 ou acide pantothénique. Il se présente sous la forme d'un liquide transparent et légèrement visqueux à température ambiante. C'est la vitamine la plus utilisée dans le domaine de la cosmétique : elle participe activement à la formation et à la régénération de la peau et des cheveux. Il est d'ailleurs largement utilisé en pharmacologie, pour les peaux sèches, abîmées et sensibles. On lui reconnaît volontiers des propriétés réparatrices, car il augmente la prolifération des fibroblastes et promeut la production de fibres de collagène. Ces deux actions contribuent à favoriser la régénération des cellules de la peau.
Les propriétés cicatrisantes du panthénol sont connues depuis les années 50 grâce à deux dermatologues américains qui ont testé ses effets sur des patients atteints d'ulcération cutanée. Il est aujourd'hui l'ingrédient phare de la célèbre pommade cica-

trisante Bépanthen. Il renforce le film hydrolipidique de la peau, tout comme le squalane, et il limite les pertes en eau et donc réduit la déshydratation et les effets peau d'orange. Le panthénol possède des propriétés anti-inflammatoires qui lui donnent son effet apaisant. Les crèmes et sérums à base de panthénol sont très efficaces pour apaiser les irritations communes. Une étude récente a confirmé les propriétés apaisantes du panthénol sur des peaux atopiques souffrant d'ichtyose, de psoriasis ou de dermatites de contact. L'action anti-inflammatoire du panthénol serait équivalente à celle de l'hydrocortisone, qui est un dérivé corticoïde.

Il peut convenir à tous les types de peau, mais il est particulièrement recommandé pour les peaux sèches, abîmées, sensibles, sujettes aux irritations et aux imperfections. On peut trouver communément du panthénol dans la composition des soins hydratants, réparateurs et apaisants pour la peau du visage ou du corps, dans les produits capillaires, dans certains maquillages, dans des déodorants dits apaisants, dans des crèmes cicatrisantes, dans les produits après-solaires apaisants. Le panthénol est généralement incorporé dans les produits à des concentrations comprises en 2 et 5 %.

Notons cependant que le panthénol n'est pas un cosmétique bio, car il est uniquement obtenu par procédé chimique et n'existe pas à l'état naturel. Le panthénol est un actif considéré comme sûr et très bien toléré par tous les types de peau. Il ne présente aucun danger pour la santé et n'est pas allergisant. Il peut convenir à tout le monde, y compris les femmes enceintes, allaitantes et les jeunes enfants.

La glycérine cosmétique

La glycérine est le plus connu des actifs hydratants et son incroyable efficacité n'est plus à démontrer. Mais quelles sont exactement les propriétés de la glycérine, les fonctions, et quelle est son utilisation en cosmétique ? Dans quels produits peut-on retrouver la glycérine ? Quels sont les bienfaits de la glycérine ? Et pour finir, existe-t-il des risques pour la santé à utiliser ce produit ?

La glycérine, aussi appelée glycérol, est un corps gras présent naturellement dans la peau, les huiles végétales et les graisses animales. Grâce à sa capacité à retenir son poids en eau, elle augmente la teneur en humidité de la peau et aide à lutter contre la déshydratation. C'est la définition type de cette substance que vous trouverez communément. Elle est très largement utilisée depuis des décennies en cosmétique pour ses propriétés hydratantes. C'est aussi un très bon solvant dans lequel se dissolvent de nombreux ingrédients. Beaucoup mieux que dans l'eau ou l'alcool. Communément, dans le secteur de la cosmétique, la part végétale et chimique du produit sont en concurrence.
La glycérine est aussi un agent dénaturant, un conditionneur capillaire, un agent de protection de la peau et un ingrédient utilisé pour l'hygiène buccale, dans ce dernier cas équivalent au sorbitol. C'est également un très bon émollient.
La glycérine est hygroscopique, elle absorbe l'humidité contenue dans l'air, elle peut aussi retenir l'eau, et ainsi maintenir un bon niveau d'hydratation de la peau. La molécule pénètre facilement l'épiderme où elle va aller retenir l'eau dans les tissus. En surface, grâce à son action occlusive, elle forme une barrière protectrice qui limite la perte en eau. C'est donc pour ses propriétés hydratantes et émollientes que la glycérine est utilisée dans les soins. Mais elle a aussi d'autres cordes à son arc.

➢ Elle a un rôle important dans le processus de régénération et de cicatrisation des tissus lésés, car elle favorise la production de lipides et la synthèse de collagène.

➢ Elle renforce également la fonction barrière de la peau en assurant une meilleure cohésion entre les cellules et en renforçant le film hydrolipidique de la couche cornée.

➤ Elle limite la déshydratation de la fibre capillaire.

➤ Elle est efficace pour les peaux sèches, déshydratées, abîmées. C'est aussi un actif de référence pour soigner les cheveux crépus, secs, bouclés.

Les taux de concentration de la glycérine dans les cosmétiques varient entre 2 % et 10 % pour les zones les plus rugueuses du corps humain, mais ne doivent pas dépasser cette limite au risque de provoquer de la déshydratation. Au-delà d'un certain taux, l'ingrédient attire l'eau vers l'extérieur, favorisant la déshydratation, tout l'inverse de l'effet escompté. Le corps gras entre dans la formulation de quasiment tous les produits de soin de la peau comme les crèmes, laits, baumes, beurres, masques, savons, gels douche, démaquillants, contours des yeux, hydratants sous la douche, crème à raser… Il est utilisé dans les crèmes et sérums visage hydratants, anti-âge, pour le corps dans des baumes et laits hydratants, protecteurs, nourrissants.

La glycérine améliore la qualité de la peau de manière générale. Elle la laisse hydratée, douce, souple, lumineuse. En entretien régulier, l'épiderme redevient confortable. En dermatologie, l'actif a également fait ses preuves pour apaiser les peaux souffrant de dermatite atopique.

La glycérine est un actif très bien toléré par la peau. Son potentiel toxique est nul et sa tolérance commune maximum. Selon la réglementation, le glycérol n'est soumis à aucune restriction ou condition d'emploi. Les études réalisées montrent une absence de risque cancérogène. Il peut être utilisé sans souci dans des soins hypoallergéniques, à destination des peaux sensibles. Jean-Baptiste Large et ses collègues, à la fin du XIXe et au début du XXe, l'utilisaient comme ingrédient de base. Elle reste LE classique pour la peau.

Xantham gum

Ses origines sont soit végétales soit synthétiques, c'est un polymère naturel ou d'hémisynthèse (compatible avec l'appellation bio). La gomme Xanthane est utilisée en cosmétique en tant que stabilisant d'émulsion, comme agent filmogène ou liant. Elle est obtenue par la fermentation d'un hydrate de carbone, par exemple du glucose avec la bactérie xanthomonas campestris. Une étude de 2016 du CIR (Cosmetic Ingredient Review) portant sur les gommes polysaccharides microbiens, dont la gomme Xanthane fait partie, conclut à l'innocuité de l'ingrédient. La gomme n'est pas encore soumise à réglementation en Europe. Aux États-Unis, la FDA limite son utilisation à 6 % du total des ingrédients dans les cosmétiques.

Ses fonctions sont donc celles d'un agent qui permet la cohésion de différents ingrédients cosmétiques. Puis d'un agent émulsifiant qui favorise la formation de mélanges entre des liquides non miscibles en modifiant la tension interfaciale entre l'eau et huile, par exemple. Elle aussi, comme la glycérine, joue un rôle de stabilisateur d'émulsion et aide à prolonger sa durée de conservation.

La gomme donne aussi la consistance d'un gel à une préparation liquide. Sa fonction principale est celle d'un agent d'entretien de la peau et elle sert également de régulateur en réduisant la tension superficielle des cosmétiques et en contribuant à la répartition uniforme du produit lors de son utilisation.

Cet ingrédient est présent dans 17,9 % des cosmétiques et dans plus de 70 % des coffrets anti-âge.

POLARE
PARIS
POLARE
POLARE
POLARE
POLARE
POLARE
POLARE
POLARE
POLARE

L'eau osmosée

Dans l'industrie cosmétique, l'eau est le principal ingrédient, quantitativement, mais aussi par son importance. Une liste des ingrédients d'un produit cosmétique commence le plus souvent par l'eau. Car sa proportion est généralement le pourcentage le plus élevé du produit. Par définition, son importance proportionnelle rend sa qualité primordiale. Une eau « ordinaire », comme celle du robinet, n'est majoritairement plus utilisée dans l'industrie cosmétique. L'eau choisie subit des traitements de purification avant d'être utilisée. La peau est composée de différents compartiments dans lesquels l'eau est un des constituants de base. Et l'eau, comme l'hydratation, sont à l'origine du confort cutané. L'utilisation de l'eau en formulation remonte à la nuit des temps, et elle a repris sa place quand l'industrie a délaissé petit à petit la « pommade », pour lui préférer des mélanges aqueux. Les plus anciennes émulsions utilisées sont probablement des produits réalisés sur la base de ce que l'on appelle le « Cérat de Galien », un excipient réalisé par mélange d'eau florale avec de la cire d'abeille. Cette notion a été reprise à partir de la fin du XIXe siècle pour réaliser des produits que l'on appelle les cold-creams. Ce que donnait initialement la formule de Jean-Baptiste Large.

Si les premiers produits avec de l'eau étaient des produits gras en contenant peu, l'apparition d'un type de formulation devenue une référence quasi incontournable, les crèmes stéarate, a impacté la définition de la qualité de l'eau utilisée. Ces formules réalisées à base de savon, des stéarates alcalins, présentent la caractéristique d'être extrêmement sensibles à la dureté de l'eau. Cette caractéristique a été renforcée par l'utilisation d'un autre type d'ingrédients, les gélifiants à base de polymères acryliques. Plus connu sous le nom de « Carbomer », qui sont donc également très sensibles à la dureté de l'eau, renforçant ainsi la nécessité d'une eau de qualité constante.

L'eau osmosée est une eau traitée par un osmoseur, ce qui la différencie de l'eau distillée ou de l'eau déminéralisée. C'est une eau pure à 99,9 %, car elle est débarrassée de tout autre élément que H et O par le phénomène d'osmose inverse. Elle offre de nombreux avantages que les professionnels de la santé et de l'industrie cosmétique exploitent volontiers à cause de sa neutralité bactérienne et chimique. Dans le traitement réalisé par un osmoseur, l'eau H_2O va du milieu aqueux le moins minéralisé vers celui le plus minéralisé, jusqu'à ce que les deux milieux aient une minéralisation équilibrée : on atteint alors l'homéostasie. Si l'eau est également passée sur un lit de résines déionisantes, l'eau osmosée devient une eau déminéralisée. Par définition, l'eau osmosée est privée de sels, elle est donc qualifiée d'eau adoucie. L'adoucissement de l'eau passe par une diminution du titre hydrométrique, cette diminution ramenant à zéro la dureté de l'eau osmosée. Les technologies se sont petit à petit sophistiquées, et on rencontre dans l'industrie ces différents procédés en fonction des besoins et des moyens pour aboutir maintenant à des eaux de très haute pureté, bien que techniquement et réglementairement parlant, aucune obligation ne soit faite d'utiliser de l'eau de très haute pureté.

Mais si elle peut être des plus pures, et même à 100 % naturelle, et même si elle n'a subi aucun traitement chimique, l'eau ne peut jamais être qualifiée de biologique. Elle ne se cultive pas ! La solution à ce problème est venue des eaux florales pour la cosmétique bio ou naturelles. Parce qu'elles sont issues d'un végétal qui peut aussi agir en actif : purifiant, astringent, hydratant ou équilibrant. Enfin, les végétaux à partir desquels elles sont obtenues ayant été cultivés dans des conditions biologiques, les eaux répondent aux critères de « bio ».

On peut distinguer plusieurs catégories d'eaux utilisées pour les soins de beauté :

➢ Les eaux forales : obtenues par hydrodistillation, comme l'eau de rose (le Cérat de Galien), l'eau de bleuet (spécialités du contour de l'œil), l'eau hamamélis…

➢ Les eaux thermales : l'usage d'eaux thermales dans les cosmétiques a connu beaucoup de succès, et engendré de nombreuses spécialités. Le groupe L'Oréal est très engagé dans ces approches.

➢ Les eaux de fruit : obtenues par déshydratation de fruits ou de végétaux.

➢ Les eaux spéciales : issues d'origines diverses, comme l'eau de mer, l'eau de glacier ou des origines exotiques de cette nature.

➢ Eaux-Mères © : une approche originale de l'eau en cosmétique.

➢ L'Eau de Kangen ou eau hydrogénée : appelée également « eau alcaline », ou encore « eau hydrogénée ».

Les propriétés qui sont prêtées à cette qualité d'eau sont :

➢ Son alcalinité qui permet de lutter efficacement contre l'acidose.

➢ Un pouvoir antioxydant élevé lutte contre les radicaux libres.

➢ Une microstructuration ou « eau hexagonale » qui permet une meilleure assimilation de l'eau par les tissus.

Les caractéristiques de la peau sont orientées vers l'acidité, le pH du revêtement cutané étant naturellement acide, certains problèmes cutanés sont associés à l'alcalinisation. Le piégeage des radicaux libres peut se faire avec des substances très efficaces. Enfin, l'hydratation du tissu cutané ne se fait pas par l'eau, mais par la régulation du flux hydrique. Et c'est sur ce point que le sérum **Polare l'âge Miracle** intervient de par sa composition inédite.

Le saviez-vous ?

L'eau osmosée est un ingrédient précieux pour les alchimistes de la cosmétique. Elle fut développée par le pharmacien Charles Dépensier en 1890, sous l'appellation très connue d'Eau précieuse.

La lotion Eau Précieuse est utilisée pour éliminer les impuretés, les cellules mortes et absorber l'excès de sébum des peaux à imperfections. Alliant des propriétés antibactériennes et exfoliantes, la lotion Eau Précieuse aide à lutter contre les petites imperfections de peau. Elle n'agresse pas l'épiderme et laisse la peau fraîche et purifiée. La lotion est reconnue pour les peaux à tendance acnéique, sa formule à base d'acide salicylique et d'acide borique permet une double action : purifier la peau et l'excès de sébum et l'assainir en favorisant l'élimination des points noirs et boutons.

L'Eau précieuse en quelques dates clés :

1890 : Naissance de la lotion Eau Précieuse Dépensier destinée à soulager les maux de jambes et les maladies de peau.

1927 : Le laboratoire Charles Roux rachète la lotion Eau Précieuse.

1942 : L'Eau Précieuse Dépensier se voit attribuer le statut de médicament dédié au traitement des problèmes de peau.

1950 : La marque lance son premier spot radio pour vanter les bénéfices du produit.

1982 : Eau Précieuse arrive à la TV sur une campagne qui met en avant ses propriétés « calmantes, toniques et rafraîchissantes ».

2004 : Les laboratoires Omega Pharma France rachètent la lotion.

Le propylène glycol

Le propylène glycol est un liquide incolore, quasiment inodore, légèrement visqueux et peu volatil. On retrouve ce solvant également dans l'industrie alimentaire et l'industrie pharmaceutique.

Selon la base européenne des ingrédients cosmétiques (Cosing), le propylène glycol est un agent humectant, d'entretien de la peau, un agent de contrôle de viscosité et un solvant (dissout ou dilue une formule).

Le propylène glycol entre principalement dans la formulation des crèmes visage, colorations capillaires, lingettes intimes, bains de bouche, brumes parfumées. Très employé en cosmétique conventionnel, il est interdit en « bio » car son process de fabrication induit l'utilisation de produits chimiques. Certifié neutre, pourtant. Les bienfaits du propylène glycol tiennent essentiellement dans sa contribution à maintenir un bon niveau d'hydratation de l'épiderme en aidant à faire pénétrer dans la peau les ingrédients contenant de l'eau. Alcool polyvalent, il est utilisé pour améliorer l'état de la peau, comme solvant organique ou pour jouer les conservateurs. Grâce à son action sur la viscosité des formules et son pouvoir dissolvant, il permet de créer un produit lisse, uniforme, homogène. Hygroscopique, il permet également de maintenir le taux humidité du cosmétique, de le stabiliser pour éviter qu'il ne s'altère. C'est à lui que l'on doit notamment la texture constante des rouges à lèvres ou l'odeur durable des parfums. Il transporte les actifs là où ils doivent être délivrés dans la peau. Enfin, en absorbant l'eau, il joue un rôle hydratant pour l'épiderme. Le propylène glycol n'est pas un ingrédient controversé. Il est stable et non toxique, il ne représente donc aucun risque pour la santé. Les cas d'allergie existent mais ils sont rares et il n'est pas persistant dans la nature, ni dans notre organisme, il n'est pas cancérogène, il est non soumis à restrictions ou conditions d'emploi et ne figure pas dans la liste des substances interdites ou restreintes du Règlement (CE n°1233/2009).

L'acétate d'alpha-tocophéryle

C'est une forme spécifique de vitamine E que l'on trouve souvent dans les produits de soins de la peau. On l'appelle aussi acétate de vitamine E. La vitamine E est connue pour ses propriétés antioxydantes. Les antioxydants aident à protéger votre corps des composés nocifs appelés radicaux libres.

L'ATA est stable, ce qui signifie qu'il peut mieux résister aux contraintes environnementales telles que la chaleur, l'air et la lumière. Cela le rend idéal pour une utilisation de cosmétiques enrichis, car il a une durée de conservation plus longue. Vous trouverez la vitamine acétate dans une grande diversité de produits pour soins de la peau. Les propriétés antioxydantes de la vitamine E peuvent aider à prévenir les dommages causés par l'exposition aux UV. La vitamine E peut également avoir un effet anti-inflammatoire sur la peau.

En plus des compléments alimentaires et des produits cosmétiques, vous pouvez trouver de la vitamine E dans les aliments suivants :

➢ Légumes à feuilles vertes, comme le brocoli et les épinards

➢ L'huile de tournesol, l'huile de germe de blé et l'huile de maïs

➢ Les graines de tournesol

➢ Les noix et amandes

➢ Les céréales complètes

➢ Le kiwi et la mangue

La dose quotidienne recommandée de vitamine E est de 15 milligrammes.

Benzoate de sodium

Le benzoate de sodium est un agent conservateur soluble dans l'eau. Il est très utilisé en cosmétique conventionnelle du fait de son efficacité. Sa dose recommandée d'utilisation se situe entre 0,2 et 0,5 % de la formule. Il tolère un pH allant jusqu'à 9, mais assure une véritable efficacité de conservation autour d'un pH de 5,5. Le benzoate de sodium est un conservateur pur et doux pour les produits, mais aussi pour la peau. En tant que conservateur, il va supprimer la croissance de germes, levures, moisissures et bactéries qui pourraient se retrouver naturellement dans votre produit lors de son utilisation.

Gatuline et Fibroblastes

La gatuline est un principe actif naturel qui agit sur les propriétés liftantes naturelles de la peau, pour une peau plus ferme avec des rides réduites de manière significative.

Elle stimule l'activité des fibroblastes, stimule le dynamisme cellulaire et réorganise ainsi le réseau de fibres de collagène. Le derme est un tissu conjonctif composé de fibroblastes qui produisent des protéines comme le collagène et l'élastine, qui se déposent dans la matrice extracellulaire. Les fibroblastes jouent un rôle fondateur dans l'architecture du derme, car ils interagissent en permanence avec l'ECM dans une structure tridimensionnelle. Grâce à leur mobilité et à leurs propriétés contractiles, les fibroblastes organisent un réseau de soutien qui apporte fermeté et élasticité à la peau. À mesure que la peau vieillit, elle perd de l'élasticité et de la fermeté. Le renouvellement cellulaire ralentit et la production de collagène diminue. La structure du derme est désorganisée, entraînant un relâchement de la peau et une accentuation des rides. Pour prévenir l'affaissement et lutter contre les signes du vieillissement, il est essentiel de renforcer la structure du derme en ciblant le dynamisme cellulaire et en stimulant les fonctions biomécaniques des fibroblastes.

Cet actif, présent dans la composition du sérum Polare âge Mirage, est un extrait huileux concentré extrait de la partie supérieure de la plante Spilanthes Acmella.

Cette plante, que nous avons détaillée et étudiée plus haut dans le texte, est réputée pour sa teneur élevée en alkylamides. Les alkylamides sont d'excellents marqueurs d'activité. Ses actions principales sont de renforcer l'architecture du derme et de combattre les signes du vieillissement, de stimuler les fonctions biomécaniques des fibroblastes, d'augmenter la densité de la peau et de donner douceur et fermeté à la peau (voir Spilanthes Acmella). C'est un gage de teint éclatant.

Caprylis

La caprylis est aussi connue sous le nom d'huile de coco. Ses triglycérides d'origine végétale dérivés d'huile sont une base huileuse non grasse : ils pénètrent immédiatement le derme en assouplissant la peau. L'émollient de Caprylis est composé également d'acides caprique et caprylique. Il correspond donc à la fraction la plus « légère » et pénétrante de l'huile de coco, d'où son appellation courante d'huile de coco fractionnée. Le liquide huileux en son aspect va d'incolore à jaune pâle et son odeur est neutre. Huile sèche, la Caprylis est idéale aussi bien pour formuler des huiles de soin que des laits et crèmes. Cette huile améliore la pénétration des actifs liposolubles, notamment des huiles essentielles, et laisse la peau respirer naturellement.

Le saviez-vous ?

Les triglycérides d'acides gras sont les composants principaux des huiles végétales. Chaque huile végétale est un mélange unique de triglycérides de différents acides gras. Le toucher d'une huile végétale et ses propriétés sont en grande partie déterminés par la proportion et le type des différents acides gras qu'elle contient.

CHANEL
POLARE
PARIS
L'AGE - MIRACLE
POLARE
PARIS

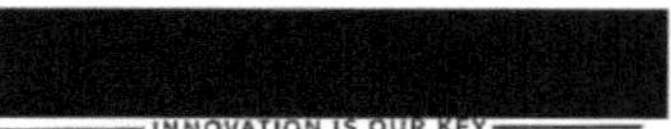

Origin Certificate

I undersigned ████████████, president of ████████████████ rue ████████ , 75017 Paris, certify that the product listed below is made in France.

L'AGE-MIRACLE

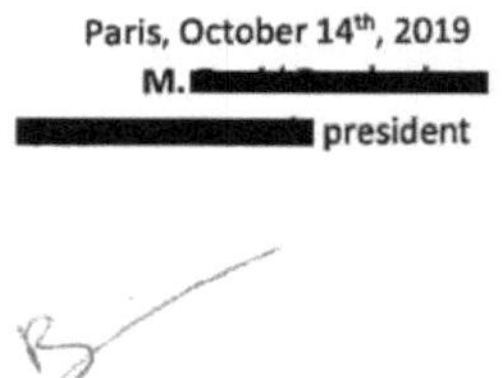

Paris, October 14th, 2019
M. ████████████
████████████ president

Paris 2 October 2019

L'ÂGE MIRACLE – ANTI-AGING SERUM

CONFORMITY DECLARATION

We declare the compliance of the above mentioned product with the requirements of regulation 1223/2009 of the European Parliament and the Council of 30 November 2009 on cosmetic products.

We also declare the above mentioned product is manufactured and tested with the requirements of ISO 22716:2007 regarding Good Manufacturing Practices of cosmetic products.

CERTIFICATE CONCERNING TSE/BSE DECLARATION

To Whom it May Concern:

I, ███████████ president of ███████████ SAS, 4 rue ███████████ 75017 Paris, do certify to the best of my knowledge that the product named below is manufactured in accordance with the European Economic Community Cosmetic Products Directive and all applicable World Health Organization (WHO) guidelines.

We confirm the following statements:

The above mentioned product DOES NOT CONTAIN ingredients derived from ovine (sheep), bovine (vows), or caprine (goats), or restricted substances, hormones, heavy metals, antibiotics, steroids and any natural and chemical ingredients having harmful effects on human biological and behavioral functions.

President

CERTIFICATE OF COSMETIC PRODUCT & SHELF LIFE

I undersign ██████████ president of ██████████████████████75017 Paris France, in quality of manufacture and laboratory of the following product below, certify information's below:

- **Cosmetic product** : The product "L'âge-miracle "is a cosmetic product without any hazardous substances.

- **Shelf Life**: In storage condition below and in original packaging.

Product	Shelf life	Period after opening
L'âge-miracle	36 months	6 months

Storage condition: Room temperature, sheltered from light, moisture and oxygen.

Paris 14 October 2019

President

4 rue Milne Edwards - 75017 - Paris - France
Tel : +33 (0)1 40 55 26 26 - Fax : + 33 (0)1 40 68 05 05 - Email : contact@deltapartners.fr
Siret 420 959 215 000 47 - APE 4690Z - TVA FR 28 420 959 215

ATTESTATION

Je soussigné ▮▮▮▮▮▮▮▮▮▮ ▮▮▮▮▮▮▮▮▮▮ Courbevoie – France, certifie que nos procédures de travail sont conformes aux exigences de la norme ISO 22716 et des Bonnes Pratiques de Fabrication, et les respectent.

▮▮▮▮▮▮▮▮▮▮

Gérant

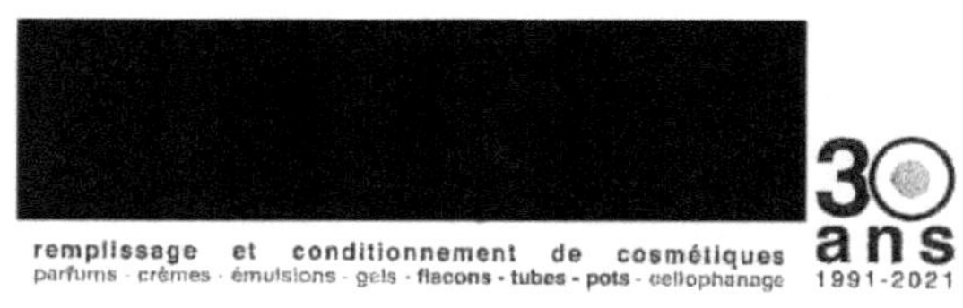

ATTESTATION

Je soussigné ███████████, Représentant légal de la SAS ███████, atteste que nous visons le respect des Bonnes Pratiques de Fabrication Cosmétiques (selon le référentiel ISO 22716:2007) dans l'exécution de nos opérations.

Fait pour valoir ce que de droit,

La Ferté Bernard, le 28 mai 2021

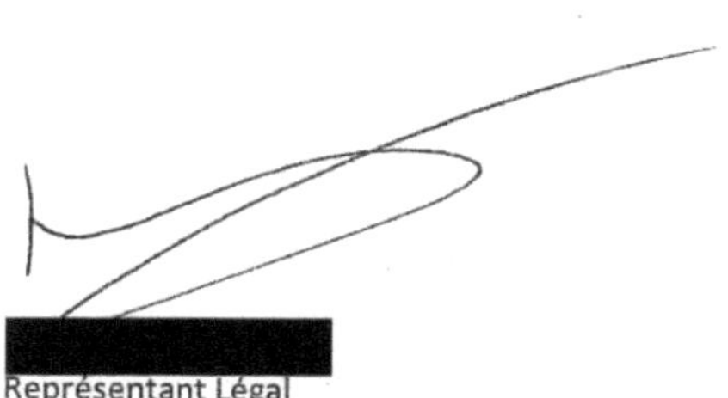

Représentant Légal

28650 GELLAINVILLE – Tél : ███████
SIRET 381 728 062 00021 – APE 8292Z - TVA 38172806200021

ATTESTATION

Je soussigné ███████████ président du GROUPE ███████████ certifie que
SERUM HYALURONIQUE – SERHA25.04 n'a pas été testé sur les animaux.

Fait à Courbevoie, le 02 juin 2022.

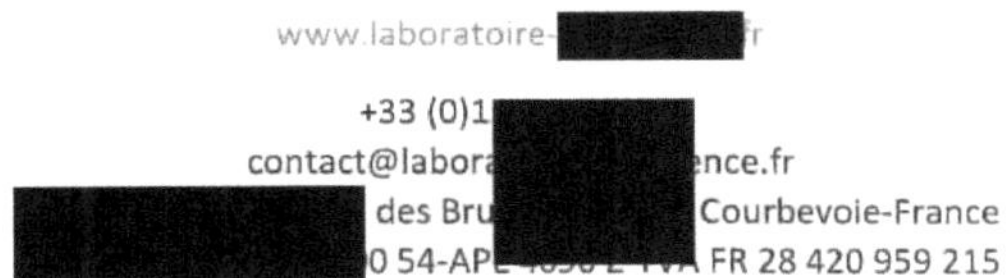

IX

Botox libre

VERSUS

Botox

La toxine botulique est une toxine sécrétée par le clostridium botulinum, la bactérie responsable du botulisme. Le botulisme est à la base une toxi-infection alimentaire généralement contractée lors de la consommation de conserves avariées. Il s'agit d'une protéine dont les propriétés neurotoxiques en font le plus puissant poison connu. La toxine est thermolabile, mais résistante aux acides et aux sucs digestifs. Ses propriétés en font à très faible dose un produit thérapeutique ou cosmétique. Il existe toutefois un botulisme iatrogénique, provoqué à la suite d'erreurs de dosage ou de surdosage, surtout avec des produits non homologués.

Les utilisations thérapeutiques sont nombreuses : strabisme, nystagmus, blépharospasme, torticolis… On utilise aujourd'hui la toxine botulique pour traiter les problèmes de transpiration excessive et d'hypersialorrhée grâce à l'action de la toxine sur les récepteurs du réseau parasympathique. La toxine botulique peut aussi être utilisée pour remédier à des affections gastro-entérologiques et urologiques.

Utilisations cosmétiques

La toxine botulique est utilisée en injections locales à faible dose pour provoquer des paralysies musculaires ciblées afin d'atténuer temporairement les rides, pendant cinq à six mois. En général, on traite les rides dites du lion, le muscle frontal et les rides dites de la patte d'oie.

L'application esthétique de la toxine botulique a été découverte à la fin des années 1980. Les docteurs Alastair et Jean Carruthers font la première présentation du produit, pour un usage esthétique, à un congrès scientifique qui ne validera pas la découverte. Mais l'utilisation esthétique de la toxine botulique est devenue un véritable phénomène de société aux États-Unis, puis progressivement dans le reste du monde. Le laboratoire

Allergan la commercialisera sous le nom de « Botox ». D'autres appellations commerciales sont également utilisées : Dysport, Vistabel, Bocouture ou le Xeomin. Les injections de toxine botulique sont souvent associées aux injections d'acide hyaluronique. Les premières ont un effet tenseur de la peau alors que les secondes ont pour effet de combler les rides. Il est souvent utile d'utiliser les deux techniques pour traiter l'ensemble d'un visage. Les injections agissent uniquement sur les rides dynamiques, ou rides d'origine musculaire, et ont un effet de mise au repos des muscles ciblés.

Dessin original de Zakaria Kajiou

Les injections de botox et d'acide hyaluronique

Avec quelque 221 650 injections « antirides » par an, ce sont les actes de médecine esthétique les plus pratiqués en France. Ces injections de produits résorbables entraînent parfois, selon les produits, des réactions et des effets secondaires indésirables.

Le botox et l'acide hyaluronique sont des produits résorbables, c'est-à-dire qu'ils sont dégradés naturellement par la peau au fil du temps. Le résultat est donc transitoire, mais c'est aussi un gage de sécurité. Le risque de réaction est bien moindre qu'avec un produit qui reste de façon permanente dans l'épiderme. À savoir que ces deux produits injectés n'obéissent pas à la même réglementation. La toxine botulique est un produit de culture médicamenteux.

En France, seulement trois produits ont une autorisation de mise sur le marché : Azzalure, Bocouture et Vistabel. Seuls les chirurgiens spécialisés en chirurgie maxillo-faciale, en chirurgie de la face et du cou et en chirurgie plastique reconstructrice et esthétique, ainsi que les dermatologues et les ophtalmologues sont autorisés à l'injecter.

Mais, concrètement, quels sont les dangers d'une injection de botox ?

Une étude révèle que le botox peut entraîner de multiples complications chez de nombreux patients. Les résultats d'une grande enquête publiés en septembre 2021, consécutifs à l'analyse de 30 cas d'étude impliquant 17 352 injections de botox dans le visage, affirment que ce traitement anti-âge provoque des effets indésirables chez 1 patient sur 6, pour un taux global de complications d'environ 16 %. Parmi les complications recensées, parfois simultanées :

- Une raideur musculaire
- Des étourdissements
- Des bleus aux points d'injection
- La chute d'une paupière supérieure

➢ Asymétrie du sourire

➢ Les sourcils s'abaissent

➢ Un œdème le plus souvent localisé au niveau du front ou des yeux

➢ Une vision double (diplopie)

➢ Des traits figés

➢ Des vertiges et des douleurs

➢ Des symptômes cardiovasculaires allant de l'hypertension aux crises cardiaques

Ce constat les amène aussi à demander que les cliniques administrant du botox soient agréées et tenues de signaler les complications observées comme condition de leur licence. En France, l'Association française de médecine esthétique se veut rassurante et indique qu'il y a des risques et effets secondaires aux injections esthétiques, même si les vraies complications et grands dangers restent rares.

Il faut aussi rester prudent avec des injections hors AMM : certains médecins proposent d'injecter de la toxine dans le bas du visage pour améliorer les rides, mais c'est une région complexe à traiter et plus à risque de complications.

L'acide hyaluronique qui corrige les volumes relève du dispositif médical, au même titre que les prothèses mammaires ou les pansements. Ce dispositif n'est donc pas considéré comme un médicament. Il est assujetti au marquage CE, qui garantit uniquement la qualité sanitaire de la formule. En France, une centaine de produits sont commercialisés par autant de fabricants. Ils sont contrôlés régulièrement par l'Agence nationale de sécurité du médicament et des produits de santé (ANSM). Tous les médecins peuvent l'injecter dans le visage. L'acide hyaluronique peut s'utiliser sur toutes les peaux grâce à la variété de ses formulations, mais il existe cependant quelques contre-indications pour les injections d'acide hyaluronique dans le visage. Ainsi, elle ne doit pas être utilisée chez les personnes souffrant de certaines maladies auto-immunes actives, inflammatoires aiguës ou musculaires. Il est impératif de prévenir le praticien si l'on a déjà fait des injections à base de produits permanents, car certains produits peuvent être incompatibles. L'acide hyaluronique injecté a aussi quelques dangers. D'abord des risques d'insatisfaction esthétique. Mais aussi des risques médicaux. Selon l'ANSM, les effets indésirables liés aux injections d'acide hyaluronique toucheraient 0,1 à 1 % des personnes.

Les plus fréquents sont la formation de petits œdèmes, des petits saignements ou des hématomes qui s'estompent en quelques jours. L'allergie à l'acide hyaluronique existe, provoquant chez l'utilisateur une réaction inflammatoire localisée de type urticaire. Chez certaines femmes, des nodules peuvent apparaître et créer une petite boule au niveau de la zone injectée, parfois plusieurs mois après l'intervention. Il peut également arriver que l'acide hyaluronique soit injecté dans une artère et la bouche. Cela peut provoquer des nécroses cutanées ou des emboles vasculaires.

Vous comprendrez aisément à la suite de la lecture de ce passage que l'utilisation pour le même résultat du sérum Polare âge Miracle est préférable, car là, les risques et effets secondaires sont nuls. L'effet n'est peut-être pas aussi immédiat qu'avec une injection, mais au moins, il est sans risque, sans désagrément et sans l'intervention d'un tiers. Mais attachons-nous maintenant à un autre ingrédient de notre sérum Polare : j'ai nommé le Botox libre.

Botox libre

Cet actif surpuissant efface les rides s'il est inclus dans une crème et surtout dans un sérum à la formule cosmétique étudiée. Sans injection ni aiguille, il est reconnu aussi efficace que le Botox « traditionnel ». Le Botox en injection était plébiscité depuis 1997 pour limiter les rides dynamiques, c'est-à-dire celles causées par les mouvements musculaires répétés. Mais en application libre, il parvient à améliorer l'apparence des rides d'expression en ciblant les zones de contractions musculaires qui les provoquent. Il cible notamment le contour de l'œil et le front, qui ont tendance à présenter des signes de l'âge de manière prématurée. Parce que les muscles sont moins sollicités, le visage se décrispe, les traits se défroissent, les rides et ridules sont moins marquées. La peau retrouve sa vigueur et son aspect lisse. De quoi faire de la concurrence à l'injection star de la médecine esthétique. Certains spécialistes appellent ce produit miracle le botox naturel. Dans le cas de **Polare**, il s'agit d'un sérum anti-âge qui s'applique simplement sur le visage. On est alors loin des injections de toxine botulique qui nécessitent l'intervention d'un professionnel, et qui, comme vous l'avez lu, ne sont pas sans risques. C'est sans doute ce qui pousse certains à qualifier ce produit de *botox naturel*. Un de ses ingrédients principaux est l'extrait de la plante Acmella, d'où la qualification « naturelle » inhérente au produit. Cet anesthésique local atténue donc la contraction des muscles autour des yeux et des lèvres, ce qui permet de réduire les rides. Correctement dosé et utilisé, les résultats liés à la consommation du sérum **Polare** sont optimums au bout de 10 à 12 semaines.

Et cerise sur le gâteau, il est bien moins onéreux que des injections de botox « classique ». Communément, le *botox Bio* sans injection passe pour être devenu le soin anti-âge des stars. Surfez sur le Web, vous trouverez des tas d'articles sur le sujet. La marque **Polare** a bien compris le besoin des consommateurs. Et le botox libre est un des principaux ingrédients du sérum, dont les effets sont en plus décuplés grâce aux dosages élaborés spécialement selon la formule ancestrale de Jean-Baptiste Large, mais évidemment réactualisés avec les nouvelles technologies et réglementations du genre.

Ce soin anti-âge permet d'éviter les effets qui peuvent s'avérer néfastes du botox et de la chirurgie esthétique : notre sérum est une révolution cosmétique dans l'univers des soins du visage et préserve une composition majoritairement biologique dans ses ingrédients.

Au-delà de sa dimension indolore et naturelle, le sérum **Polare anti-âge Miracle** réduit les contractions musculaires et détend les traits du visage quasi instantanément ! Les petites ridules, en particulier celles situées autour des yeux et entre les sourcils, s'estompent visiblement. La peau devient plus lisse et conserve son volume. Voilà une alternative anti-âge géniale pour ceux et celles qui redoutent les effets controversés du botox et qui, comme moi, ont la phobie des aiguilles et des cabinets médicaux.

X

Polare

Interview du fondateur

Portrait réalisé par : @eric.cassini

Dans les livres sur mesure que je réalise avec le concours de la maison d'édition JDH, je m'attache à plusieurs choses. La première, c'est d'avoir une certaine liberté pour écrire. J'entends par là que mon propos ne soit pas remis systématiquement en question par l'interviewé, en clair que je ne puisse pas poser de question directe à mon interlocuteur. La seconde est le plan de travail et le timing de réalisation. Un mauvais « client » pour moi, c'est aussi un interlocuteur qui reporte ses rendez-vous téléphoniques ou qui ne lit pas au fur et à mesure les chapitres envoyés. Enfin, j'aime les rapports francs et directs, et plus que tout, j'apprécie la passion qui anime la personne qui parle de sa vie, de son entreprise et de sa vision des deux. Avec Dominique Large, je suis servi et bien servi. L'homme est très courtois, très ponctuel, enthousiaste et surtout très intéressant. C'est pourquoi, à quelques reprises dans ce livre, je l'ai directement cité, et aussi, j'ai décidé de réaliser le verbatim de nos entretiens quand, pour moi, sa parole devenait essentielle pour le lecteur. Voici un de ces extraits de dialogues :

— Dominique Large, quels sont les projets de la marque « Polare » à court terme ?

— *Développer la gamme de produits, bien évidemment, et suivre de très près l'évolution des progrès scientifiques dans le domaine du cosmétique. Dans le domaine, cela va très vite et les progrès sont nombreux, notamment sur les composants et ingrédients des « recettes ». Ensuite, multiplier les points de vente et s'associer avec des partenaires diffuseurs. Enfin, développer conséquemment le site internet. Tout cela est en cours de réalisation.*

— Développer la gamme ? Vous voulez parler du sérum Polare anti-âge Miracle ou d'autres produits ?

— *Oui, d'autres produits en plus du sérum Polare âge Miracle, qui entre parenthèses va subir quelques modifications dans sa prochaine édition, nous pensons à élargir l'application de la formule à une crème de nuit. Une cold-cream. Nous avons aussi quelques déclinaisons en tête, comme quelques applications, mais sur ces sujets nous sommes en pleine réflexion. Vous n'en saurez guère plus pour le moment. (rire)*

— Une cold-cream ? Cela nous rapprochera du produit créé par Jean-Baptiste, je veux dire « initialement ». Un retour aux sources ?

— *Oui, en quelque sorte, mais avec la technologie de notre époque et avec des dosages plus adaptés à la destination du produit. L'idée est de toujours travailler sur une formule dont la destination est le bien-être de l'utilisateur.*

— En complément du sérum ?

— *Oui et non, mais encore une fois, le sérum Polare anti-âge n'a pas besoin d'adjuvant. Non, ici, il s'agit de répondre à une autre demande du consommateur et surtout à son confort.*

— Je reviens à un point essentiel de votre précédente réponse sur la question de l'évolution du produit : quelles sont les modifications que vous apportez à cette édition 2023 ?

— *Le parfum. Jusqu'ici, le sérum Polare anti-âge Miracle était inodore. Neutre, si vous préférez. Là, nous travaillons sur l'aromatisation du sérum.*

— Pourtant, un produit inodore a aussi ses avantages.

— *Oui, et il n'est pas exclu de livrer deux ou plusieurs déclinaisons du sérum à nos clients, mais, encore une fois, chez Polare, nous sommes très sensibles aux retours que nous font les consommateurs, et puisque pour nous, en un rien de temps, le succès du sérum a dépassé les prévisions les plus optimistes, et que nous avons dû affronter une rupture de stock, nous avons eu le temps de travailler à l'élaboration de cette formule enrichie. Mais je n'en dis pas plus.*

— Une autre question maintenant : puisque vous avez évoqué l'actualité scientifique du cosmétique, on commence à beaucoup entendre parler depuis quelques semaines du phénomène du Botox en bouteille…

— *Oui, c'est la sortie de l'année ! J'ai appris l'existence de ce produit il y a quelques mois, sur les réseaux sociaux, notamment sur TikTok. Un de mes associés, résident chinois, m'avait fait un topo sur le sujet. Il s'agit d'un produit ayant le même effet que le non moins fameux Botox like. Ces produits et l'ensemble de leurs déclinaisons ont exactement le même effet sur la peau.*

— À l'Est, rien de nouveau donc…

— *Non, rien de nouveau. Sauf que chez Polare, nous avons le « petit » plus qui fait toute la différence. Notamment sur l'hydratation et surtout sur le dosage.*

— Vers quel âge recommanderiez-vous l'utilisation du sérum Polare en application quotidienne ? Pour homme comme pour femme. Rappelons là la mixité du produit.

— *Je dirais que tout dépend du type de peau… comme de l'environnement que subit la personne… comme de son hygiène de vie… mais à l'aube de la trentaine, il est temps de s'en occuper… C'est commun à tous…*

— On entend souvent dire que les femmes vieillissent beaucoup plus vite que les hommes…

— *C'est une idée reçue, largement colportée par des marketings peu scrupuleux, si vous voulez mon avis… Chez Polare, nous ne catégorisons pas, et nous en sommes conscients, car nous sommes nous-mêmes utilisateurs de cosmétique, que chaque cas est différent. D'où nos efforts pour développer le confort de soin d'une part, l'efficacité du sérum sur les rides et les ridules d'autre part, comme sur l'élasticité de la peau. Les effets du vieillissement sont multiples et certaines conditions de vie en accélèrent le mouvement. Notre but avec le sérum âge Miracle de Polare est de répondre à l'ensemble du spectre du problème. De traiter causes et conséquences. D'ailleurs, j'insiste, notre produit est mixte. Et je suis son premier utilisateur, bien que concepteur.*

— Pour beaucoup de gens, l'âge n'est pas un problème. Et donc encore moins le vieillissement.

— C'est vrai, j'en suis bien conscient. Mais que la lutte contre le vieillissement de la peau soit ou non « le cheval de bataille » de l'utilisateur de cosmétique, cela n'enlève rien au soin !

— Au confort de soin ?

— Oui, une peau qui gratte, qui tire, qui rougit, des rides qui se creusent, une peau trop sèche ou paradoxalement trop grasse, une peau à boutons, c'est de l'inconfort. Et au quotidien ! Il ne faut pas voir le cosmétique sous l'unique aspect esthétique. Une belle peau, c'est aussi un gage de bonne santé. Comme un beau teint, c'est un atout « charme ». Un atout pour aller vers l'autre. La philosophie Polare est axée sur le confort et le bien-être, mixte, et les déclinaisons de produits, comme la création de nouveaux produits, qui sont en cours, véhiculent cette idée.

— Bien, mon capitaine ! Alors j'inverse la question précédente, dans le souci d'agacer : y a-t-il un âge limite pour utiliser votre sérum, comme votre future gamme de produits ?

— Non. Il n'y a pas de limite d'âge pour se faire du bien. D'ailleurs, les dermatologues vont le diront : à partir de 20 ans, le taux de collagène chute… et c'est pour ça que je ne vois pas pourquoi, mettons à 99 ans, on ne prendrait pas soin de sa peau ? Le sérum passe pour être miraculeux tant ses résultats sont rapidement visibles, mais il n'y a pas que ça, et il n'est pas que ça. L'hydratation qu'il procure est maximale. Pour les lecteurs qui ont étudié la liste de ses composants et leurs descriptifs, ils savent que ce que je dis ici est vrai.

— Vous insistez, depuis le début de cet entretien, sur les qualités du sérum Polare anti-âge. D'ailleurs, pour la rédaction de ce livre, vous ne m'avez donné aucune consigne particulière ni mis aucun interdit. Notamment pour la recherche sur les composants et leurs bienfaits comme leurs risques et origines. J'ai donc opéré depuis un plan de travail aussi libre qu'un certain Botox. Aussi, mon rôle d'intervieweur est de me faire l'avocat du diable. Une question sur la qualité du produit donc : en quoi le sérum Polare anti-âge est-il différent de la concurrence, hormis son efficacité reconnue ?

— Il ne reste pas sur les mains de son utilisateur. C'est le premier point. Il pénètre la peau à 100 %, immédiatement, et il donne à l'utilisateur, non pas une impression de bien-être, mais une réalité de bien-être. Ce n'est pas une poudre de perlimpinpin. C'est aussi pour ça qu'il est dosé en ampoule pour un usage quotidien. Ce dosage est la stricte nécessité de l'utilisation du produit. De son utilisation optimum. Le coffret renferme 30 ampoules, 30 doses dont la destination est un usage quotidien. J'ai horreur du gaspillage et je n'accepterai pas que mon produit soit livré sans respecter sa notice originelle. Je n'ai pas mis au point ce sérum pour en tirer un profit éhonté, basé, comme pour les pots de moutarde, sur une consommation accrue du fait du gaspillage inhérent à son conditionnement. Nous avons tout étudié, et le conditionnement du sérum, sa juste dose d'utilisation était pour nous tout aussi importante que la formule. Tout excès ou tout manque nuisent à l'efficacité. Et je crois que cette maxime peut s'appliquer dans tous les domaines du possible. La pénétration du sérum dans votre peau est i m m é d i a t e, et au sortir, vos mains ne sont pas grasses. La technologie liée au produit est du dernier cri. Nous avons soin de préserver la totalité des conforts de l'utilisateur chez Polare et nous ne tolèrerons pas que nos produits soient « piégés ».

— Mon cher Dominique, si j'en crois mes lectures sur le sujet, dans les grandes lignes, n'importe quel dirigeant de marque de cosmétique tiendra un discours similaire, sauf peut-être sur le dosage… Tous les produits dans la gamme où vous évoluez passent pour être miraculeux et sont vendus comme tels !

— Certainement, mais essayez et comparez… Si le succès, non seulement des tests, mais aussi des études de cas, et surtout, et c'est le plus

important pour moi, les réactions et les commentaires des utilisateurs sont aussi positifs, c'est pour une bonne raison… Je ne vais pas chanter la messe en latin, mais franchement, 100 % des utilisateurs réguliers du produit sont convaincus !

— Donc Polare est à part dans le monde du cosmétique… c'est votre propos ?

— *Oui, je l'assume pleinement et nous nous flattons de maintenir le cap sur notre qualité et le cap sur cette idée.*

— Donc l'esthétisme, la jeunesse, mais pas seulement…

— *Exactement.*

— Pourtant l'esthétisme, avoir 60 ans et en paraître 15 de moins, c'est ce que nous vendent médias et cultures… J'ai parfois l'impression que d'êtres jeune et beau, cela devient une obligation… Je pense notamment aux stars et plus particulièrement aux stars féminines.

— *Oui, c'est la tendance… mais vous ne verrez que rarement une star au naturel… au lever du lit par exemple, sans soins et sans maquillage…*

— Oui, et quant au maquillage numérique…

— *Oui ! (rires) C'est le naturel qui m'importe… À quoi sert le maquillage ? Mieux ne vaut-il pas avoir une belle peau, une fois pour toutes ?*

— Idem pour les injections de botox qui disproportionnent les visages… Avec les risques que cela comporte…

— *Les injections de botox n'entrent pas dans ma philosophie. Le naturel est préférable à tout. D'autant que le sérum, lui, débarrasse la peau de ses impuretés. Et dernier point, et non des moindres, le sérum anti-âge Polare agit dès le premier mois d'utilisation, visiblement, et même sur les rides d'expression… Sur un trimestre, votre peau du visage et du cou est au top !*

— Une demande récurrente des consommateurs et des « sceptiques du cosmétique », que je constate dans mes recherches : vous fournirez les preuves de vos dires aux consommateurs, ou vous resterez sur une information « classique » à l'avenir ?

— *Oui, les tests d'usages… D'ailleurs, ils seront consultables, en plus des tests cliniques, pour tout achat de nos produits. Transparence… Toutes les innocuités sont étudiées. Et précisément mesurées. Donc le consommateur pourra voir ceci très facilement. Le faisceau légal des contraintes de développement est vaste, onéreux et pointu, pour tout exploitant et créateur de produits cosmétiques. D'ailleurs, tout ce que j'avance sur le produit, nettement en termes de délais, est inscrit sur l'emballage. Donc, à moins de vouloir payer une amende pour « publicité mensongère », je ne prendrai pas le risque de vous laisser l'écrire noir sur blanc et surtout de mentir !*

— Une dernière précision sur l'avenir du produit ?

— *Oui, comme je le disais, les partenariats à l'international se multiplient, et aussi, en fonction de cela, nous pensons à une personnalisation des produits.*

— Comment ça ?

— *Eh bien, en ce qui concerne les parfums, comme les aromes choisis, il est évident par exemple qu'un utilisateur asiatique n'aura pas les mêmes goûts ni les mêmes attentes qu'un utilisateur africain et bien sûr européen. Donc, là aussi, nous déclinerons la gamme. Mais pour l'instant, le sérum est universel.*

— La Chine et le Maroc semblent particulièrement vous intéresser.

— *Oui, la Chine, j'en suis assez client. Pour le Maroc, c'est encore une approche différente. Mais tout aussi passionnante.*

***

Vous l'aurez compris, la marque est en pleine évolution, et quelque chose me dit que nous n'avons pas fini d'en entendre parler, puisque le succès est au rendez-vous et que le développement est là. Les choix stratégiques de l'entreprise restent bien évidemment, ici, à l'état de simple évocation, mais Dominique vous aura certainement apporté beaucoup de précisions sur le sérum avec cet entretien.

POLARE
PARIS
L'ÂGE · MIRACLE

XI

Une égérie…

Elle se nomme Cécilia Siharaj. Cette remarquable jeune femme, célèbre pour ses participations télévisuelles, notamment dans la ô combien fameuse émission *Koh-Lanta* ou encore *Mamans et célèbres*, est une battante, une aventurière et surtout une éternelle voyageuse. Et pour beaucoup de gens, c'est une influenceuse bienveillante et reconnue comme telle. Et, et c'est certainement le plus important, c'est une maman qui prend soin d'elle pour le plus grand bien de son enfant.

Cécilia est une personne que j'ai pu apprécier depuis mon poste de directeur littéraire pour l'avoir publiée récemment. La rencontre avec Dominique Large s'est donc faite naturellement. Par relationnel d'auteurs, en quelque sorte. Et de fil en aiguille est née de cette relation une idée. Qui se concrétise aujourd'hui. La marque Polare est donc très fière d'annoncer officiellement qu'en la personne de Cécilia Siharaj, elle a trouvé sa muse.

Un challenge, car Cécilia ne se ménage pas et son prochain départ pour un long périple en Thaïlande mettra le sérum à rude épreuve.
Vous en retrouverez le feuilleton sur les différents médias de la muse comme de la marque et bien sûr vos réseaux sociaux favoris !

JDH ÉDITIONS
BARAKA

Cécilia Siharaj

L'AVENTURIÈRE INFLUENCEUSE

Par Karine Gardize

POLARE PARIS

Biographie de Dominique Large
Fondateur de la marque cosmétique
Polare Paris

XII

Instantané

Dominique Large :
un homme aux multiples casquettes

La deuxième partie de ce livre est dédiée au fondateur de la marque et non à la marque en elle-même. C'est un parti pris éditorial devenu une évidence au fil de la construction de ce livre.

Ce qui m'a surpris, quand l'éditeur Jean-David Haddad m'a mis pour la première fois en relation avec Dominique Large, en vue de conclure le contrat de rédaction de ce livre, c'est bien évidemment son parcours dans un premier temps, mais rapidement, c'est son actualité de vie qui m'a réellement étonné.

J'ai des sujets de prédilection en tant qu'auteur, notamment l'histoire et l'histoire de l'art ou encore la littérature avec un grand « L ». Pour les livres d'entreprises ou les biographies, suivant la formule choisie par l'intéressé, j'ai œuvré jusque-là dans plusieurs domaines. L'art culinaire, le déminage sous-marin, l'immobilier, la mobilité urbaine, l'immigration, la santé, la médecine, l'intelligence artificielle, l'informatique appliquée… Pour le cosmétique, c'était le premier projet auquel je participais. Et au-delà de ça, est apparue très rapidement l'idée de traiter du sujet de l'entrepreneuriat après 60 ans. Le personnage a eu et a plusieurs vies. Dominique Large entre de plein droit dans la mythologie associée au chat. 9 vies. L'histoire de la marque Polare Paris, même sans parler de cette incroyable formule composée par son arrière-grand-père qui était jusque-là perdue dans un missel, est aussi peu banale. Du pain béni pour un auteur.

Dominique Large est un ancien officier de gendarmerie, qui, à l'heure où certains ne rêvent que de camping-car et de pêche, ou de bricolage, de sorties d'école et de jeux avec les petits-enfants, le personnage part dans l'entrepreneuriat et le salariat ! Et sur le sujet, vous verrez que le gendarme qui sommeille en lui n'a pas dit son dernier mot. Voici, en suivant, un Polaroïd de sa situation actuelle, afin que vous puissiez évaluer le cas « Dominique Large » et mener l'enquête, sans prendre une ride, bien entendu !

Aujourd'hui, en plus de développer sa marque de cosmétique de manière assez spectaculaire, je dois bien l'avouer, car de par ma position je suis dans le secret des Dieux, Dominique travaille également au sein d'une holding. Il y occupe deux fonctions. La première est celle de « risk manager » et la seconde celle de directeur de la sécurité, et évidemment, comme le hasard n'existe pas, cette holding œuvre dans le secteur du cosmétique ! Ce qui constitue le premier élément à charge contre le prévenu Dominique Large. Cependant, l'avocat général déclare ne pas retenir la préméditation.

La fonction de « risk manager », qualification qu'il a obtenue après plusieurs formations spécifiques, lui permet de s'occuper de tout ce qui concerne le volet assurance du groupe, comme le dommage aux biens, les responsabilités civiles des dirigeants, etc., mais inclut aussi la fonction d'enquête et de résolution des problèmes.

La sécurité de l'entreprise passe essentiellement par les conséquences de la production du groupe, en interne comme en externe. Les exemples ne manquent pas. Le plus récurrent est le vol pendant les transports et donc l'acheminement des marchandises vers les clientèles dédiées. Dominique mène l'enquête.

Le saviez-vous ?

Le risk manager est un préventeur des risques financiers. Il est chargé d'anticiper, d'analyser puis de quantifier les risques que peut générer l'activité de sa société sur le plan financier. Il conseille la direction sur la meilleure façon de gérer les risques fortuits (accident, vol, incendie), mais aussi sur les dangers liés à certaines décisions stratégiques (lancement d'un nouveau produit, programme d'investissement). Le risk manager est appelé à collaborer étroitement avec la direction générale de l'entreprise et avec l'ensemble des différents services de sa société. Aujourd'hui, les débouchés pour les risk managers se situent essentiellement dans les grands groupes et les établissements financiers. Le risk manager doit être un excellent communicant et pédagogue et multiplier les compétences.

Dominique, quand il fut recruté, dut travailler énormément et s'adapter rapidement au cahier des charges de ses employeurs. Les législations relatives au secteur privé n'étant pas les mêmes que celles qu'il connaissait dans son passé militaire, l'effort fut double. En gendarmerie, les postes sont spécifiques. Comme les détachements. Dominique s'est constitué au fil du temps et des missions un important carnet d'adresses durant ses années de services. Il a travaillé avec de nombreux acteurs du domaine et il y a côtoyé de nombreuses personnalités. Dont certaines sont de premier plan. Et de son propre aveu, cela aura probablement influencé positivement sur son recrutement au sein de la holding qui l'emploie. Dominique est un homme d'échange, très social, et curieux de l'autre. Il aime apprendre. Il me confiera qu'il s'est très vite adapté à ses nouveaux rôles. Tout en n'oubliant pas de développer Polare Paris, bien évidemment, sinon, vous ne liriez pas ce livre. Et puis, veiller à la sécurité d'un groupe, c'est une vocation chez lui. C'est, vous le découvrirez dans les verbatim de nos interviews, une idée récurrente.

Autre point non négligeable : quand les relations sont bonnes avec différentes administrations et différents hauts responsables de ces mêmes administrations, en cas de besoin, les choses avancent plus vite. Ce que les dirigeants de sa holding ne négligent évidemment pas quand ils recrutent quelqu'un avec l'expérience et les compétences de Dominique. Là, le fameux phénomène du « jeunisme » du monde de l'entreprise reste à la porte. Bien fait !

Mais Dominique me précisera une chose, et il insistera bien sur ce point : tout ce qui s'est passé durant ses années de services appartient à l'armée et reste comme restera strictement confidentiel. Précepte qu'il applique aussi à la holding. C'est un de ses talents : servir la confidentialité.

Dans le privé, Dominique est père de famille, de deux grands enfants. L'un est contrôleur de gestion et l'autre encore en études, sur une formule d'alternance qui enthousiasme Dominique. C'est aussi, selon la formule consacrée, « un mari aimant », ayant pour son épouse (Isabelle), et depuis plusieurs décennies, une admiration sans bornes pour *la mère comme pour la femme*. Ancienne technicienne de laboratoire pharmaceutique, elle travaille aujourd'hui à la mairie de Paris. Le décor de leurs vies est entre Paris où ils travaillent et l'Yonne où ils aiment se retirer.

Mais ce n'est pas tout, Dominique monte actuellement avec un associé, éminemment compétent, une agence de détectives privés ! Nous n'en disons pas plus, car je dois réaliser un guide du détective privé (agent d'enquête), sous la dictée de Dominique. Eh oui, chez les Large, et certainement avant Jean-Baptiste lui-même, on ne manque pas d'idées et on a aussi la conviction de les réaliser.

L'enquête, il l'a dans le sang ! Et puis comme il le dira en interview : « *J'ai toujours besoin et envie d'aider les gens. Cela dépasse la simple idée de punir les coupables. J'ai toujours nourri une certaine empathie pour les victimes !* »

Bref, j'écris pour un jeune homme de 60 ans débordant de projets et d'avenir. Son emploi du temps est chargé, il est celui, comme on dit communément selon la formule consacrée, d'un travailleur acharné. Et bien évidemment, c'est un maître de la répartition horaire, *le but étant qu'aucune activité ne handicape l'autre*. Salarié, retraité, entrepreneur, créateur, détective… qui a dit que l'expérience ne vaut plus rien, que passé 50 ans, le monde du travail refuse ses accès ?

Pour nous, l'histoire de ce personnage hors normes commence en 1962, alors voyons la suite !

Montage et composition Cat's Society, copyright 2023

XIII

62, quelle année cette année-là !

1962

Yves Saint Laurent présente sa première collection à Paris. Le paquebot France, fleuron de la marine de commerce française, entame sa première traversée transatlantique. L'opinion publique frémit à l'évocation de l'affaire du massacre de la station de métro Charonne.

En mars, c'est la signature des accords d'Évian accordant l'indépendance à l'Algérie.

Jacques Mesrine est incarcéré pour la première fois, et c'est le début d'une longue carrière dans le grand banditisme qui s'annonce. 1962, c'est aussi la sortie en salle de *Cléo de 5 à 7*, le film d'Agnès Varda, et d'*Un Singe en hiver* de Verneuil, avec Belmondo et Gabin dans les rôles principaux, deux succès et deux incontournables du cinéma français.

Le Premier ministre, Michel Debré, démissionne et Georges Pompidou est chargé de former le nouveau gouvernement.

Charles de Gaulle défend le principe d'une « *Europe des États* ». Le général Salan, putschiste, est condamné à la réclusion à perpétuité.

Accident du vol Air France 007 Paris-Atlanta ; ce Boeing 707 s'écrase au décollage sur l'aéroport d'Orly et provoque la mort de 122 passagers.

Recul de l'Union calédonienne aux élections territoriales néo-calédoniennes.

Nouveau drame pour le transport aérien : le vol 117 d'Air France s'écrase en Guadeloupe avec 113 personnes à bord.

Une ordonnance de l'archevêque de Paris décrète la fin de l'obligation du port de la soutane pour les prêtres catholiques.

Charles de Gaulle et Konrad Adenauer scellent la réconciliation franco-allemande à Reims.

Première transmission télévisée entre la France et les États-Unis en mondovision via le satellite Telstar.

En août, c'est la jonction des équipes de forage françaises et italiennes du tunnel du Mont-Blanc.

Célèbre attentat manqué de l'OAS au rond-point du petit Clamart contre le général de Gaulle, le 22 de ce mois. 4 semaines plus tard, une allocution au journal télévisé de De Gaulle annonce un référendum sur l'élection du président de la République au suffrage universel.

En novembre, un accord franco-anglais est signé pour la création du projet d'avion supersonique, le Concorde.

En décembre : le paquebot France emmène *La Joconde* à New York, pour être exposé à Washington.

Le 28 décembre, un accord d'entreprise chez Renault pour une quatrième semaine de congés payés est acté.

Bienvenue au cœur de la France des « Trente Glorieuses ». Le paquebot France, le Concorde, la Citroën DS de De Gaulle, la décolonisation… C'est aussi en 1962 que le fondateur de la marque Polare naît. Et, si vous croyez au destin, et si vous lisez la biographie de Dominique Large qui va suivre, vous trouverez des éléments assez troublants dans les événements relatés plus tôt sur l'année 1962 et sa vie.

Mais, au fait, croyez-vous au destin ?

Dominique Large naît à Troyes dans l'Aube, le 8 novembre 1962. Sa maman est commerçante, elle tient un magasin de vêtements de marque, son papa est technicien coloriste, chez DIM. Autre marque emblématique de ces belles années, DIM, dont personnellement les publicités audiovisuelles des années 80 et 90 me font encore rêver. Avec Obao…

Dominique et sa sœur aînée Josyane grandiront dans une famille aimante, de la classe moyenne de l'époque, traditionaliste et catholique. Dans les années 68-69, alors que le pays goûte sa révolution de principe, et joue au jeu dangereux du lancer de pavé, Dominique et sa famille déménagent, pour Autun, en Saône-et-Loire, perle du parc naturel du Morvan. Il y poursuit sa scolarité en école primaire. Son dossier scolaire le décrit comme un élève « taquin », mais assidu, qui pourtant ne cherche pas à briller. Il confiera à ce sujet qu'il préférait évoluer dans la moyenne haute et ne pas attirer l'attention des instituteurs sur lui et plus tard des professeurs par des résultats trop marqués. Il faut dire que la vie est légère pour Dominique, qui découvre avec passion le chant, la natation, la camaraderie, et qui se complaît dans l'enfance. On lui en fera le reproche d'ailleurs, ce qui l'amuse encore aujourd'hui. Déjà était-il contre l'idée de vieillir ? Les années passent pourtant, d'hier en demain, et à l'aube de l'entrée au lycée Bonaparte, après l'école privée Saint-Lazare, où contre toute attente Dominique confiera qu'il en a apprécié la discipline et les préceptes religieux dispensés, et fait siennes certaines maximes et pensées. Qui l'accompagneront sa vie durant. En 1978, la famille déménage à Sens dans l'Yonne. Dominique est un jeune homme entreprenant et en pleine santé qui s'ouvre à la vie adolescente. Les filles font leur entrée remarquée sur la scène, les grandes amitiés se nouent et la musique disco s'entend quand elle n'est pas couverte par le bruit pétaradant du moteur de la mobylette. D'autant que Dominique est aussi un grand amateur de classique à cause de sa professeure de chant. Ce qui n'était pas incompatible selon lui, avec ses autres passions musicales de l'époque pour Boney M et Claude François. Comme énormément de gens ayant vécu cette période, Dominique en a une certaine nostalgie. C'étaient, d'après les acteurs de ces années-là, *des années simples et heureuses et surtout très libres, sans pour autant que les dérives que nous connaissons aujourd'hui prennent le pas sur la raison.*

C'est aussi à cette époque que curieusement, il s'interroge sur sa possible vocation d'ecclésiastique. Curieusement, car, dans sa famille, bien que pratiquante, on n'y pensait pas. Et pour tout dire, on n'adhérait pas vraiment à l'idée de faire de Dominique un séminariste. Dominique hésitera pourtant quelque temps, avant de confirmer son choix de passer finalement un bac technique. Bac qu'il obtiendra avec mention après une terminale redoublée, comme l'ensemble de sa classe en 1981, sauf une personne. Énigme académique encore non résolue à ce jour. Qui demandera enquête.

Mais le véritable tournant, l'événement de sa jeune vie, c'est la gendarmerie. De son propre aveu, il était fasciné depuis le plus jeune âge par l'uniforme et avait au cœur une certaine forme d'engagement patriotique. Dominique avait en lui le sens et le respect des institutions de la République. C'est, d'après lui, « inné ». Entendons par là que ce déclic ne fut pas un commandement, ou un fantasme de petit garçon devant par exemple, le passage du camion de pompier. Non, c'est beaucoup plus profond. À entendre ses propos, on pourrait presque parler de « vérité ». De vérité sur lui-même et sur la marche du monde. Pour certains lecteurs, le propos pourrait paraître exagéré, mais, à écouter les paroles de Dominique, plus de quarante plus tard, je vous certifie que son émotion et sa gravité sur le sujet restent intactes. Un autre élément reviendra à plusieurs reprises dans notre conversation : son besoin naturel d'aider les gens. Pompier, gendarme, ambulancier…

Dominique ne savait pas en quoi consistait exactement le métier de gendarme et ne se préoccupait pas davantage des débouchés quand il actera sa décision. Il me fera remarquer que dans ces années 80, la jeunesse était beaucoup moins bien informée sur les métiers et les orientations qu'elle ne l'est actuellement. C'était donc beaucoup plus subjectif qu'aujourd'hui. Il est vrai que le fameux conseiller d'orientation et le centre de documentation municipale sur les métiers et carrières ne se généraliseront sur le territoire que vers la fin des années 80. Jusque-là, les métiers étaient « confidentiels » et corporatifs.

Quoi qu'il en soit ici, la vocation, puisque c'en est une, est née assez tôt. Elle fut tenue secrète dans un premier temps, puis contrariée par des choix possibles, mais il en ressort que ce sera son destin qui s'imprimera avec ce métier, du moins pour une grande période de sa vie. Car, vous le verrez, le personnage peut et sait se montrer surprenant.

Au-delà du parcours de Dominique, ce qui est intéressant dans la philosophie de la marque Polare Paris qui a amené à la rédaction de ce livre, c'est cette vision opportune de la vie qui sert Dominique. À l'heure de la retraite, et on se bat suffisamment dans ce pays pour qu'elle sonne en début de soirée et non dans la nuit, Dominique goûte le salariat et se révèle en tant qu'entrepreneur. Le temps est négligé. Comme la période. C'est une force peu commune. Et une philosophie basée non pas sur le renouvellement en principal, mais sur l'exploration de son propre potentiel.

C'est dans le cadre de la fameuse préparation des trois jours liés à la sélection des effectifs pour le service militaire, que Dominique finalisera son orientation. Avec le bac en poche, on lui proposera différentes options qu'il déclinera poliment, axant ses intentions sur l'idée d'accomplir son service militaire dans la gendarmerie. Comme gendarme auxiliaire. La convocation à l'école de Fontainebleau suivra rapidement dans le courant de l'été 82. Dominique a alors 20 ans. S'ensuivra son intégration dans le peloton des gendarmes « gradés », pendant quatre mois, puis enfin pendant 8 mois dans le PSIG de Senaud (peloton de surveillance et d'intervention de la gendarmerie). Il profitera de ce temps pour préparer en parallèle le concours d'élève gendarme. Dominique se plaisait dans son rôle. La formation lui amènera une vision concrète du métier. Il confirmera ses choix. Côté famille, le choix de carrière de Dominique est soutenu. Et puis, comme le dira Dominique : « *maman préférait le métier de gendarme, selon elle moins exposé à celui d'un militaire pur et dur. C'était l'époque du Liban…* »

En 1983, le concours réussi, Dominique entre à l'école préparatoire de la gendarmerie nationale et il intègre non pas la VIIe compagnie promue par l'excellent Robert Lamoureux, mais la IIIe. La compagnie « verte ». Appelée ainsi en raison du statut originel de ses membres. Il y aborde, dans son apprentissage, des thématiques différentes, comme la défense opérationnelle du territoire, le droit pénal, le droit constitutionnel et de manière générale, tous les sujets récurrents et utiles à l'orientation comme à l'instruction des recrues. Et c'est énormément de travail. Et du temps bien souvent pris sur les heures de repos. Mais Dominique veut réussir l'examen final. Et choisir son affectation, comme le veut la coutume.

Le premier du classement choisissant au tableau son affecta-tion, puis le suivant, et ainsi de suite. Il me citera une scène de l'*Inspecteur la Bavure*, le film avec Coluche, pour illustrer la scène. Et il voulait pouvoir choisir. Non subir. Il se classera d'ailleurs deuxième au tableau sur plus de 100 candidats.

Nous sommes en janvier 1984. Dominique deviendra donc un gendarme mobile par choix. Avec une affectation à Auxerre à la clé. Ce n'était pourtant pas le choix du roi, puisque la tradition voulait que les premiers de la promotion visent généralement la gendarmerie départementale, ou encore, peut-être pour le pres-tige, la garde républicaine.

La gendarmerie mobile se définit par sa première mission : le maintien de l'ordre. Et ce maintien de l'ordre, comme cette garance de la préservation des institutions et des personnels de la République, ne se joue pas uniquement en France, mais dans l'ensemble des territoires français. Pour le jeune homme, c'est plusieurs tours du monde à la clé qui s'annoncent. Il y en aura 5 pour lui. Et sur des trajets différents. Des Émirats à Singapour, en passant par Sydney, Los Angeles ou encore Djakarta et Tahiti pour ne citer que les escales. Avec, selon lui, une mention spéciale pour la Nouvelle-Calédonie. Que Dominique décrira comme un pays « magnifique » ! Il avouera que cependant, les missions vécues là-bas furent particulière-ment difficiles. La volonté des indépendantistes canaques fera de nombreuses victimes et engendrera des opérations mili-taires récurrentes et dangereuses.

Dominique aimera aussi le fait, sur son statut, comme en tant que patriote, que les actions dictées par son commandement soient motivées par la politique extérieure comme intérieure de son pays. Directement liées. Il appréciera beaucoup aussi cet autre fait, à savoir que la gendarmerie dépend en principal du président de la République, directement. Les années Mitterrand le marqueront particulièrement. D'ailleurs, il gardera sa pro-priété de Latché dans les Landes. Mais c'est une autre histoire. Mais la gendarmerie ne lui apportera pas que missions et voyages ; il y fera aussi la connaissance de sa future épouse

(Isabelle), fille de gradée de son état, et étoile du Nord de Dominique par la suite. Puisque maman de ses enfants. Et, pour clore ce chapitre, précisons que son métier lui amènera aussi son lot de malheurs, qui se révèlera en particulier à l'occasion d'un sordide fait divers que la presse internationale relatera en son temps : la catastrophe du mont Sainte-Odile.

PARIS MATCH

Le crash
du Lyon-Strasbourg
LA NUIT
DE L'HORREUR
Avec ceux qui
ont découvert
les rescapés
de l'Airbus
LEURS PHOTOS
EXCLUSIVES

MELISSANDRE,
13 MOIS,
VIVANTE !

Edition région du 9 avril 1983

Enquête sur les suites d'un crash

Deux journalistes publient « La nuit du mensonge »,
un livre qui met en cause l'organisation des secours après l'accident de l'Airbus
au mont Sainte-Odile.

EN faisant paraître, le 12 février 1992, une double page consacrée aux opérations de secours déclenchées après le crash de l'Airbus au mont Sainte-Odile, notre journal visait, au-delà de la recherche sur les causes de l'accident, à répondre aux questions qu'au lendemain du drame on pouvait naturellement se poser sur l'efficacité du dispositif mis en place pour sauver les survivants. Cette enquête a provoqué intérêt et, souvent, émoi. Mais les éléments que nous étions alors en mesure de publier n'ont jamais été sérieusement contestés par la suite.

Francis Guthleben, journaliste à « L'Alsace-Le Pays » et Jean-Pierre Stucki, journaliste à la SAPA-TF1, ont poursuivi plusieurs mois durant, à titre personnel, le travail qu'ils avaient effectué au début de l'année 1992 pour le compte de leurs rédactions. Ils ont poussé jusqu'à leur terme les investigations sur l'organisation des secours. « La nuit du mensonge » est le résultat de cette enquête.

Ce livre va bien au-delà des premières informations publiées par notre journal. Les accusations qu'il porte sont d'une telle gravité que la question posée aujourd'hui est simple : peut-on imaginer que cet ouvrage reste sans suites ?

DES TÉMOIGNAGES ACCABLANTS

Des passagers de l'Airbus A 320 qui s'est écrasé au mont Sainte-Odile le 20 janvier 1992 sont-ils morts faute de secours rapides ? A cette terrible question, le livre de Francis Guthleben et Jean-Pierre Stucki répond par l'affirmative.

Les témoignages recueillis

Un sauveteur évacue le plus jeune passager survivant, accompagné de sa mère.
Les investigations sur l'organisation des secours constituent le temps fort de « La nuit du mensonge ».
(Photo « L'ALSACE » Mathieu Lerch)

par les deux journalistes sont accablants. Dès le premier chapitre, le récit de l'un des neuf survivants donne le vertige. Il a entendu longuement des rescapés appeler au secours et en a vu mourir un, à deux pas de lui.

L'épave pouvait-elle être localisée plus rapidement ? Oui, répondent les auteurs, dont l'un a d'ailleurs trouvé l'avion avant les équipes de secours. Deux heures après le crash, le point de chute

était connu à 1500 mètres près : pourquoi ne pas avoir, alors, donné l'ordre de faire converger les secours vers la zone en question ?

En fait, un mot résume ce qui s'est passé après l'accident : attente. Les effectifs étaient prêts à intervenir, mais avaient l'ordre d'attendre que l'avion soit découvert.

Et une fois l'Airbus retrouvé, les moyens médicaux du dispositif ont été mal employés, constatent les deux journalis-

tes, déclarations des médecins du SAMU à l'appui.

Cette inorganisation et ces mauvaises décisions ont fait perdre un temps précieux, comme l'ont observé beaucoup de sauveteurs sur place.

Quant au mensonge, il apparaît dans les jours qui suivent. Selon les autorités, il n'était pas possible d'aller plus vite, ni de faire mieux. Les communiqués et les rap-

« La nuit du mensonge » se lit comme un roman. Mais ce n'est pas une oeuvre de fiction, hélas. Même si le lecteur se demande, parfois, s'il ne rêve pas en parcourant certains passages.

Le livre laisse une impression de malaise, qui ne provient pas d'accusations véhémentes, mais plutôt d'une accumulation de faits et de témoignages, révélateurs

ECHO veut en savoir plus

Après la parution du livre « La nuit du mensonge », l'Association d'entraide de la catastrophe des hauteurs du Saint-Odile (ECHO) annonce qu'elle demandera l'ouverture d'une enquête administrative sur l'organisation des secours.

Par ailleurs, ECHO tiendra une conférence de presse mercredi prochain pour faire le point de la souscription nationale destinée à financer le monument qui sera édifié à la mémoire des victimes de l'Airbus, ainsi que sur les différents dossiers suivis par l'association.

Un livre sur l'A 320

Les passions et les controverses déclenchées par l'Airbus A 320 ont incité James Sarazin et Christian Paris à mener une enquête sur cet avion et sur la concurrence - très vive - que l'on observe dans le monde de l'aéronautique. Avec 700 appareils commandés, l'A 320 fait des jaloux. Mais plusieurs incidents et, surtout, trois accidents (dont ceux de Habsheim et du mont Sainte-Odile) ont nourri une polémique qui agite toujours les milieux de la construction aéronautique et des transports aériens.

L'Airbus, merveille technologique, est-il trop automatisé, pose-t-il des problèmes de pilotage ?

La tendance à l'hyper-sophistication a même donné lieu à une histoire que rapporte le livre et qui se raconte dans les bureaux d'études : l'équipage de demain sera composé d'un homme et d'un chien ; l'homme aura pour rôle de préparer la pâtée du chien et le chien sera là pour mordre l'homme... s'il s'avise à toucher à un bouton du tableau de bord.

Pour autant, les auteurs rappellent qu'aucun appareil n'est à l'abri d'un accident, que « les autres tombent aussi » et que les causes d'un crash sont souvent multiples. Encore faut-il tirer les leçons d'un accident, après en avoir analysé, avec rigueur, toutes les composantes.

« A 320, enquête sur les secrets de la guerre du ciel », par James Sarazin et Christian Paris, chez Plon, 348 pages, 125 F.

XIV

La catastrophe
du mont Sainte-Odile,
vol Air Inter 148

Voici la version « officielle » du drame aérien du mont Saint-Odile, tel que nous pouvons la lire ou la visionner sur différents sites de presse. S'y adjoint aussi, le récent témoignage d'un des deux journalistes arrivés (curieusement) sur les lieux du crash avant les secours. Cet épisode dramatique impactera durement la vie du gendarme Dominique Large. C'est lui aussi, d'une certaine manière, un « survivant » de ce sombre fait divers. Avant d'écrire et de relater son témoignage, je tenais à présenter les choses telles qu'elles nous sont données. Avant de conclure ce douloureux chapitre par le récit d'un des acteurs du drame. Mais que s'est-il réellement passé au mont Sainte-Odile ?

Officiellement

L'accident aérien a eu lieu le 20 janvier 1992 à 19 h 20. Officiellement, il sera retenu pour cause principale du crash, la mauvaise approche de l'appareil sur l'aéroport de Strasbourg. L'Airbus A320 de la compagnie Air Inter en provenance de Lyon-Saint-Exupéry s'écrasera sur les hauteurs boisées de La Bloss, sur le territoire de la commune de Barr, près du mont Sainte-Odile, en Alsace. Une désactivation fatale des systèmes d'alerte de proximité du sol aurait largement contribué à l'accident. 87 passagers sur les 96 personnes présentes à bord de l'appareil trouveront la mort dans l'accident.

Le 2 mai 2006, 14 ans après les faits, le procès de l'accident s'ouvre devant le tribunal correctionnel de Colmar. Six personnes, des dirigeants d'Air Inter, d'Airbus, de l'aviation civile et un contrôleur aérien comparaissent pour « homicides et blessures involontaires ».

Le 7 novembre 2006, le tribunal relaxe les accusés, au motif qu'« ils n'ont pas commis de faute pénale », c'est-à-dire qu'ils n'ont pas commis de faute caractérisée. Cependant, la responsabilité d'Airbus sur la conception du cockpit de l'A320 a été reconnue.

Le commandant de bord, Christian Hecquet, âgé de 42 ans, avait accumulé 8 806 heures de vol. Sur un Airbus A320, son expérience était seulement de 162 heures. Le copilote, Joël Cherubin, âgé de 37 ans, avait derrière lui 3 615 heures de vol. Sur Airbus A320, il n'avait volé que 61 heures.

L'avion décolle de Lyon-Satolas le 20 janvier 1992 vers 17 h 39 avec à bord 90 passagers, six membres d'équipage dont les deux pilotes et quatre personnels navigants. L'avion passe au-dessus de Luxeuil-les-Bains et doit se diriger vers le point repère « ANDLO » près de Barr. Son cap est directement mis sur l'axe de la piste 5 de l'aéroport de Strasbourg Entzheim et il prépare son atterrissage sous le contrôle de la

CTR. L'équipage n'a pas l'habitude de faire le type d'approche demandé par la tour. Le ciel est nuageux et il fait nuit. Le commandant de bord préfèrerait atterrir indirectement, en faisant un tour de piste à vue, après s'être aligné au-dessus de la piste. N'ayant donc pas prévu de descendre directement en piste 5, les pilotes ont mis du temps pour réduire leur vitesse et leur altitude. Ceci ne leur permet donc pas d'effectuer l'atterrissage direct prévu par le contrôleur ; ils demandent donc à faire leur tour de piste à vue. Mais comme plusieurs avions attendent pour décoller, le contrôleur leur demande de faire la procédure indiquée complète, plus longue, mais qui donnera le temps aux avions au sol pour décoller. Cette procédure va obliger l'avion à faire un demi-tour, à s'éloigner et à passer au-dessus des collines du mont Saint-Odile à une altitude de 5 000 pieds, puis à nouveau faire demi-tour pour s'aligner dans l'axe de la piste 5, repasser à nouveau au-dessus du point « ANDLO » et commencer à descendre. Cette procédure contrarie les pilotes, car cela retarde leur arrivée. Pour leur faire gagner un peu de temps, le contrôleur leur propose d'effectuer cette procédure, mais avec un guidage radar. Il leur indique les moments pour virer et les caps à prendre. En effet, cela permet de virer plus tôt et de raccourcir le circuit d'approche. Ainsi, au lieu de faire un large dernier virage, l'avion va faire un virage plus serré et récupérer l'axe de piste plus directement. Le problème est que le pilote a affiché un autre cap dans le pilote automatique, ce qui a pour conséquence de pousser l'appareil à effectuer un virage trop serré. L'équipage doit donc gérer la trajectoire dans les deux plans à la fois, vertical et horizontal : ils doivent commencer la descente en même temps qu'ils doivent capturer l'axe de piste. Le tout sans visibilité extérieure, car ils sont dans la couche nuageuse, et avec, pour seule aide, l'affichage des instruments sur le tableau de bord. C'est à ce moment-là que la descente est amorcée avec un taux beaucoup trop élevé et c'est à la fin de ce dernier virage que l'avion va s'écraser à une altitude d'environ 800 mètres dans les collines vosgiennes. Le dernier enregistrement de la cabine se fera

20 secondes avant le crash et confirmera que les pilotes n'ont rien vu venir.

Séries noires

- 19 h 31 : l'alerte est donnée par Strasbourg, qui prévient le centre de coordination et de sauvetage de Drachenbronn, le centre de contrôle de Reims et la préfecture du Bas-Rhin.

- 19 h 34 : le centre de contrôle déclenche le plan d'intervention auprès de la préfecture. La zone de recherches concerne le mont Sainte-Odile.

- 19 h 40 : lancement du plan rouge. Création d'un poste de commandement opérationnel installé à la brigade de gendarmerie de Barr.

- 19 h 41 : le centre de contrôle (RCC) demande la restitution de l'enregistrement du radar de Drachenbronn. La restitution n'est mise à la disposition du RCC qu'à 20 h 10 et en complément à 22 h. Ces éléments ne permettent au RCC de réduire que lentement la zone des recherches telle que définie à 20 h 09 puis à 20 h 30, d'autant plus que la balise Argos de l'avion a été détruite au moment de l'impact.

- 20 h 09 : la préfecture, à la demande du RCC, déclenche les recherches qui s'étendent dans un secteur compris entre le mont Sainte-Odile et Andlau.

- 20 h 13 : décollage d'une Alouette de la sécurité civile basée sur l'aéroport de Strasbourg-Entzheim. Il fait des recherches visuelles, mais qui ne concernent ni le mont Sainte-Odile ni La Bloss.

- 20 h 30 : le secteur de recherches est élargi : il se situe désormais entre le mont Sainte-Odile, Barr, Andlau et Le Hohwald.

- 21 h 45 : en fonction des indications données par deux agents d'Air Inter sur le point survolé par l'A320 lors de son dernier contact radio, trois zones de recherches de

3 km de côté sont définies. La zone n° 1, prioritaire, était centrée sur La Bloss. Il était question d'y engager les forces de gendarmes mobiles afin de faire des recherches dans ce secteur avec l'aide des sapeurs-pompiers. Le déploiement des différentes équipes de recherche dans cette zone a été effectué de 22 h à 22 h 35.

- Deux journalistes correspondants de TF1 à Strasbourg, Jean-Pierre Stucki et Éric Sching, ayant fait des recherches à leur propre initiative, découvrent les survivants et la carcasse de l'appareil. Ils informent les gendarmes de l'emplacement exact.

- 23 h 35 : grâce à leurs indications, le groupe de gendarmerie mobile rejoint l'endroit du crash. Les gendarmes apportent les premiers secours. Quatre personnes sont évacuées par les gendarmes, car elles sont jugées transportables.

- Sept autres personnes ont été évacuées entre 00 h 20 et 1 h 15 par des moyens identiques. Certaines d'entre elles ont été examinées et médicalisées sur le site par des médecins militaires.

- La deuxième colonne de secours venant d'Obernai est arrivée environ 45 minutes après la première. La progression est compliquée par le mauvais état des routes et leur encombrement dû à l'afflux des véhicules de presse. En montant vers le site de l'accident, les médecins et secouristes croisent la colonne descendante. Les blessés sont alors pris en charge sur des brancards par cette deuxième colonne et transportés sur la route départementale où se trouvaient encore les ambulances.

- 2 h 30 : début des évacuations vers les hôpitaux de la région. Soit plus de 6 heures après le crash !!

- 4 h 30 s'écoulent entre l'écrasement et l'arrivée des secours. Ce qui est énorme. Durant ce laps de temps, plusieurs rescapés mourront.

Bilan

Survivants : 9 passagers, plus un membre d'équipage. Six victimes ne sont décédées qu'après l'impact, dont deux auraient probablement survécu si les secours étaient intervenus dans les deux premières heures puisqu'elles sont décédées pendant leur transport.

Morts : 82 passagers, 5 membres d'équipage.

Un facteur très aggravant est l'inexpérience de l'équipage sur l'A320 : 220 heures cumulées pour les deux pilotes. Et surtout le fait *qu'ils étaient tous les deux issus de la Caravelle, ceci implique une différence essentielle tant dans le domaine de la philosophie du cockpit que dans la gestion du vol.* L'absence d'alerte de proximité du sol (GPWS) est aussi en cause : *cet appareil donnait très souvent de fausses alarmes en zone montagneuse. Air Inter, après test, avait donc décidé de ne pas l'utiliser.* D'autres facteurs mis en évidence par le BEA ont amené la justice à mettre en examen Airbus, Air France ou le contrôleur, mais ils ont été relaxés. Quant aux victimes survivantes, elles ne seront pas indemnisées, pas davantage que les familles des disparus.

XV

Vérité CONTRE Vérité

Voici le témoignage d'un des deux journalistes arrivés sur place avant les secours. Témoignage probablement postpromotionnel à la sortie du livre du journaliste, aux éditions Albin Michel : *La nuit du mensonge*. 30 ans après les faits, l'un des deux journalistes qui a découvert l'avion avant les secours, Jean-Pierre Stucki, alors correspondant de TF1 en Alsace, se souvient :

« Je reçois l'alerte d'un contact que j'ai dans les forces de l'ordre. Il me dit que l'avion qui assure la liaison Lyon-Strasbourg a disparu et s'est probablement crashé dans les environs de Strasbourg. Il est alors 20 h 20, soit exactement une heure après l'accident. Dès que j'ai l'info, j'alerte immédiatement la rédaction de TF1, qui décide de ne pas tout de suite annoncer le crash, parce qu'on n'en sait encore trop peu, et par égard pour les familles des victimes. »

Moins d'une heure plus tard, Jean-Pierre Stucki et son collègue rejoignent la zone de l'accident.

« On ne savait pas où était précisément l'avion, on savait juste qu'il était dans le secteur du mont Sainte-Odile. Direction la gendarmerie de Barr pour avoir des précisions. Je vois bien qu'il y a beaucoup de monde et d'activité sur place, mais on nous met dehors. »

Les deux journalistes décident de tenter de se rendre sur le lieu exact du crash.

« Un garde-forestier nous indique la direction d'un "très gros bruit" entendu à l'heure présumée du crash. Plus loin, trois villageois nous disent avoir senti de la fumée dans un chemin. On a marché une vingtaine de minutes, guidés par l'odeur de kérosène. Et on arrive devant l'avion, par l'avant. Autour d'un petit feu sont rassemblés quelques survivants qui attendent les secours. »

Il est 23 h 40 selon les journalistes. Les secours n'arriveront que 20 minutes plus tard, toujours selon leurs témoignages.

« On n'est plus journaliste à ce moment-là. On était devant la carcasse de l'avion. Il y avait le feu. Mais j'ai fermé mes œillères. C'est l'aide aux survivants qui a pris le pas. En tant que journaliste, on n'est pas préparé à arriver sur le lieu d'une telle catastrophe tout seul, avant les secours. On

agit par automatisme. Le journal de la nuit de TF1 va bientôt démarrer. La rédaction m'appelle, enregistre une courte discussion que j'ai avec mon rédacteur en chef. L'échange a dû durer une minute. Je l'ai conclu en disant : "Je dois te laisser, il faut que j'aille faire quelque chose pour les gens qui sont là." La conversation a été diffusée telle quelle dans le journal. »

À la caméra, son collègue Éric Schings ne filme que deux minutes d'images, précise l'article qui relate le témoignage. Dédouanement à but déontologique ?

« On a aussi décidé de ne pas faire d'interviews des rescapés ce soir-là. Ils nous auraient sans doute répondu, mais on n'a pas voulu. On aurait pu faire un direct sur place pour le journal. Mais on ne l'a pas fait. À minuit, plus de 4 h 30 après le crash, les premiers secours arrivent. Les survivants s'attendaient à voir arriver les secours. À la place, ils ont vu débarquer une caméra de télé. C'était très violent pour eux. »

« Les vautours arrivent avant les secours. »

Cette dernière phrase aurait été prononcée par l'un des rescapés. Réponse du journaliste :

« Je n'ai pas eu l'impression d'être un vautour ce soir-là. Parce que nous avons eu une approche humaine. C'était un gros scoop. Je suis devenu l'un des spécialistes de cette affaire. Mais je n'ai pas l'impression de l'avoir volé. Il n'a été possible que parce que d'autres n'ont pas correctement fait leur travail ce soir-là. Nous n'aurions pas dû être là avant les secours. »

Voici pour la présentation succincte du dossier d'un point de vue médiatique, c'est d'ailleurs là l'essentiel des archives que l'on peut trouver. Les autres sources relèvent soit de l'enquête soit des tribunaux concernés. Faisons maintenant place au ré-cit de Dominique.

Le crash du mont Sainte-Odile, la version de Dominique Large

Dans la petite histoire comme dans la grande, il y a toujours au moins deux versions des événements. De tout temps. Et en toutes circonstances. En premier lieu, et c'est celle-ci qu'il faudra retenir, il y a la version officielle, ou qui deviendra officielle avec le temps. Puis il y a la version de celles et ceux qui ont vécu l'événement. De l'intérieur. De ceux qui en ont été acteurs. Volontairement ou non. Vous constaterez comme moi qu'en règle générale, les deux versions d'un même événement diffèrent alors. Quand on les compare en toute impartialité.

Les médias sont souvent responsables de cette *déformation*, de cette presque *torsion* de l'histoire. Souvent pour tout un tas de raisons obscures, voire politiques. Autrefois, c'était le « on dit », le fameux *ragot populaire* qui dénaturait l'événement. Mais en 1992, nous sommes en plein dans l'ère de la communication. Dans le règne de l'image. Dans les temps du *poids des mots et du choc des photos*, pour reprendre le slogan bien connu du journal même qui couvrira l'événement.

Trente ans plus tard, rien n'a changé. Le sensationnel et la primeur de l'information dominent toujours l'action médiatique, comme sa diffusion. Toujours plus. Toujours plus vite. Toujours plus « choc ».

Seulement, il y a les faits d'une part et les hommes d'autre part. Autrement dit, les actions humaines et leurs conséquences. Sur le long terme.

La gestion d'une situation de crise est impactée par le temps et par l'ignorance. Par le temps parce qu'il est de manière générale responsable de tout, et par l'ignorance parce qu'on ne sait jamais justement de quoi l'heure suivante sera faite.

Pour un militaire, pour un secouriste, pour un témoin comme pour une victime, un accident est une situation imprévue, et donc inédite, qui évolue seule, en dehors de toute influence de ses acteurs, et bien des fois, sa conséquence est que la vie essaye de courir plus vite que la mort, sans garantie de victoire. Le travail des secours qui est justement d'aider la vie et de préserver ce qui peut encore l'être est d'utiliser toutes les ressources humaines disponibles pour gagner cette course contre la montre.

Pour un militaire, comme l'était Dominique au moment du drame, il s'agit de se retrancher derrière l'ordre, derrière la consigne qui entraîne la procédure et la procédure qui chute elle-même sur le protocole et sur sa stricte application, jusqu'au geste…

Un militaire s'en remet aux ordres.

C'est son rôle.

Obéir à son commandement, qui lui-même obéit aux ordres de la République.

Mais quand la situation dépasse les cadres posés, quand la pratique diffère de la théorie, et donc des protocoles en vigueur, c'est aux aptitudes et aux qualités des chefs et des hommes qu'il faut s'en remettre, non à la République.

C'est ce que vivra le peloton de gendarmerie du maréchal des logis-chef Dominique Large, ce soir du 20 janvier 1992.

Avant de vous relater sur les pages suivantes la version du drame, de cette *nuit de l'horreur* comme le titrera le magazine *Paris-Match*, telle que l'a vécue Dominique Large, je tiens à préciser que l'entretien qui y est relatif était particulièrement émouvant. Comme il était difficile pour Dominique de s'y replonger. La situation qu'il vécut cette nuit-là le conduira à être victime d'un syndrome post-traumatique sévère. Mais, passant outre, il m'en fera le récit, en cette fin du mois de mai, au petit matin, par un fait étrange du calendrier, justement de l'aéroport de Lyon-Saint-Exupéry, de là où ce vol, en janvier 1992, avait décollé sans encombre pour s'écraser sur le mont Sainte-Odile.

Le récit

Au moment du drame, Dominique Large était maréchal des logis-chef, et il faisait partie de l'escadron de Wissembourg, dans la région du Grand Est. Cette petite commune de 8 000 habitants était alors une sous-préfecture de la circonscription administrative du Bas-Rhin. Wissembourg est située à l'extrême nord de l'Alsace, à la pointe nord-est de la France. Elle possède une frontière commune avec l'Allemagne. Entre

Wissembourg et le mont Sainte-Odile, en 4X4, il faut environ 1 heure de trajet à travers la montagne. À condition de bien connaître la région et de savoir manier les P3 réglementaires. N'oublions pas que les technologies actuelles de repérages numériques, comme de guidages, n'existaient pas, pas plus que les données cellulaires.

Au soir du drame, dans la caserne, les hommes vaquent à leurs tâches administratives et pour beaucoup à leurs obligations familiales. L'astreinte des personnels est réduite au minimum. La journée a été calme, comme ce début d'année l'a été de manière générale, l'hiver paralysant partiellement la région. La gendarmerie n'est située qu'à quelques kilomètres de la base aérienne de Drachenbronn. À 19 h 20, les opérateurs de cette base radar située sur la ligne Maginot viennent de pointer la disparition des écrans de l'Airbus A320 du vol 148, reliant Lyon à Strasbourg. Rapidement, ils donnent l'alerte. La première phase du protocole est enclenchée et le capitaine de l'escadron de gendarmerie le plus proche est prévenu par téléphone « d'un possible accident aérien » survenu dans leur secteur. « Possible », car à ce moment-là, rien n'est encore certain. Il faudra attendre plusieurs autres confirmations pour déclarer l'appareil perdu et ainsi sonner le branle-bas de combat.

Pourtant, aussitôt, sur ordre de l'officier responsable, une camionnette de gendarmerie avec le « deux-tons » fait le tour du site de la caserne et bat le rappel de la troupe. L'ordre de rassemblement est donné. Les gendarmes se regroupent donc au PC dans les plus brefs délais. L'officier les informe « du possible crash d'un avion de ligne de la compagnie Air Inter au départ de Lyon et à destination de Strasbourg, et ce, dans un périmètre relativement proche ».

Vers 19 h 45, les gendarmes qui se sont mis en tenue de campagne montent dans les véhicules. Personne ne se rend compte de l'ampleur du drame à ce moment. Dominique pas plus que les autres. D'ailleurs, comment auraient-ils pu le savoir ?

Il est maintenant 20 heures, et les deux pelotons, c'est-à-dire une vingtaine d'hommes, car beaucoup étaient absents de la caserne au moment de l'appel, prennent la route en direction de Strasbourg. Le fait que l'avion disparu se serait écrasé dans une région boisée et probablement difficilement accessible a retardé le départ des gendarmes de quelques minutes, les paramètres de la situation demandant un équipement réglementaire supplémentaire. Précisons qu'à ce moment même du récit, aucun des hommes n'a la plus petite idée de la réalité de l'accident. On ne sait strictement rien dans les rangs. Et guère plus au commandement. À ce moment, ni le nombre de passagers ni la nature du fret éventuel de l'avion ne sont connus.

Il est presque 20 h 30 quand l'escadron arrive sur la place de la mairie de Barr. La petite commune touristique médiévale se situe précisément au pied du mont Sainte-Odile. C'est le point de rendez-vous donné à l'ensemble des acteurs du sauvetage. Par approximation, car le relevé des radars n'est toujours pas parvenu au commandement. L'ensemble des secours sont déjà sur place, à commencer par les pompiers, les urgentistes et les guides de montagne appelés en renfort.

Les officiels de la mairie et de la sous-préfecture « débarquent » aussi : le conseil municipal de Barr est interrompu et son assistance n'est pas même « au courant » des raisons de la situation de crise qui étreint maintenant leur commune. En bref, personne n'est prêt et tout le monde découvre la situation. Comme personne ne sait encore où se trouve exactement la zone du crash.

Le lieutenant-colonel de gendarmerie, venu sur place dès qu'il fut informé de la situation, est pressé d'agir, car il est conscient du fort potentiel de victimes généré par ce type d'appareil. Il propose alors de constituer deux groupes, composés à la fois de pompiers, de secouristes et de gendarmes. Deux groupes, qui prendraient deux directions différentes pour « cerner » la zone probable du crash, et surtout en cas de découverte du lieu de l'accident, qui pourraient agir séparément le plus rapidement possible sans attendre de renfort.

Sa proposition est refusée par les pompiers, ces derniers arguant qu'il vaut mieux attendre d'avoir plus de précisions et se rendre directement sur les lieux avec l'ensemble du personnel et des moyens présents. Seulement, l'information n'arrive pas ! Et l'heure tourne. De plus, la météo est de plus en plus exécrable et aucun hélicoptère ne peut venir sur zone pour appuyer les recherches.

Les divers commandements, secours, forces de l'ordre et préfecture ne parviennent pas à se mettre d'accord sur le cap à donner aux opérations. Alors, le lieutenant-colonel de gendarmerie H. décide donc de partir seul. C'est un officier supérieur aguerri et reconnu par tous pour les qualités de son commandement et son sens du devoir. Pour lui, il faut agir le plus rapidement possible. Dans cette situation, chaque minute compte. Les gendarmes prendront donc le mont par le flanc gauche. Les pompiers, tardifs dans leurs décisions, se joindront finalement au mouvement, mais par la droite du mont. Et malheureusement, en deux groupes distincts.

Plus de deux heures de tergiversations et d'attente de renseignements ont immobilisé les secours. Pour la gendarmerie, c'est inadmissible. Et quoi qu'il en fût dit à l'époque, les gendarmes n'étaient pas responsables de cette situation, bien au contraire, leurs officiers ne faisaient que presser le mouvement, comme me le signifiera Dominique à plusieurs reprises. Il est déjà plus de 23 heures quand les véhicules grimpent les pentes du mont, et tous sont pressés d'agir. Pensant aux victimes. Car à la lueur des derniers renseignements, il est plus que probable que le vol ait compté plusieurs dizaines de passagers. La colonne avance péniblement, les routes sont enneigées et verglacées, la visibilité au sol est presque nulle… le décor est angoissant. Les phares des véhicules dessinent des ombres spectrales sur la route et dans les sous-bois, le froid mord les hommes, comme la neige englue les mouvements. La montée du mont semble ne plus finir. Et surtout : on ne sait pas exactement où l'on va !

Les renseignements ne viennent toujours pas. La seule chose qui est désormais acquise, c'est que l'avion s'est bel et bien écrasé sur le mont. Donc, quelque part dans cette nature hostile et probablement en un lieu où les véhicules ne passeront pas, des victimes gisent au sol, blessées, ou mortes, dans les décombres de l'Airbus ! Certaines sont probablement agonisantes et risquent de passer de vie à trépas si on n'intervient pas rapidement. 3 heures sont déjà perdues !

L'idée révulse Dominique et les autres gendarmes qui l'entourent. Le commandement se fait pressant, la tension monte de minute en minute dans l'escadron. L'approche reste lente à cause des conditions météorologiques, aussi neigeuses que la situation en elle-même. Il faut absolument arriver sur place le plus rapidement possible. Tous se battent maintenant contre le temps. Tous sont pressés de remplir leurs missions. Tous veulent œuvrer. Trop de temps perdu, trop d'hésitations et les chances de survie de possibles rescapés s'amenuisent au fur et à mesure que le temps passe. Jamais on n'a autant regardé sa montre ! Personne ne sort plus de cette idée. Dominique sentira l'angoisse se matérialiser et se diffuser parmi les gendarmes comme si l'onde du malheur devenait palpable et elle finira par l'impacter, beaucoup plus qu'il n'est permis de l'écrire ici.

Personne dans le peloton de gendarmerie n'a déjà été confronté à ce genre de situation. Les hommes sont rodés aux accidents de la route, comme au secours de premières urgences en de multiples situations. Tous ou presque ont déjà vécu des situations de crises, et même pour certains d'entre eux, des situations de guerres. Mais ce qui les attend là, comme le confiera Dominique dans un souffle, dépasse l'entendement.

Contre toute attente, c'est un rescapé de l'avion qui les interceptera dans les virages de la route du mont. L'homme a coupé à travers bois. Encore choqué, blessé, brûlé, ne voyant pas de secours arriver, il a tenté le tout pour le tout en traversant les bois enneigés, ne se fiant à rien d'autre qu'à son instinct de survie et à la lumière de sa bonne étoile pour rejoindre la route en espérant trouver du secours.

Ce qu'il a pu ressentir en voyant arriver à sa hauteur ce convoi de gendarmeries, nul ne le saura jamais.

Quoi qu'il en soit, le jeune homme indique aux gendarmes la position de l'épave de l'avion avec précision. D'ailleurs, point fait, ils ne sont qu'à un quart d'heure de marche du lieu du crash. Le colonel donne l'ordre de mouvement en suivant. Les militaires suivent le rescapé à pied, qui se faisant, fait preuve d'un courage exceptionnel en retournant sur les lieux du crash, là même où il a cru devoir mourir. Les véritables héros des drames humains sont souvent dans le quotidien.

Pour le convoi, il n'apparaît pas de possibilité de contournement avec les véhicules dans l'immédiat. Au fur et à mesure que les hommes partis à pied avancent à travers bois, toujours guidés par le providentiel rescapé, l'ambiance se durcit. Dominique parlera d'un silence de mort autour d'eux, comme si une chape de béton avait enfermé le temps et l'espace, comme s'ils prenaient délibérément le chemin de l'enfer. L'angoisse monte encore d'un cran, quand au fur et à mesure de leurs avancées vers le lieu du drame, les gendarmes ressentent l'impuissante et croissante détresse de leur guide improvisé. Ils aimeraient qu'il soit en sécurité et qu'il soit confié aux secours d'urgences, ils voudraient que cette victime ne revive pas son enfer, mais il n'y a que lui pour les guider dans ce cauchemar.

En arrivant sur le lieu, c'est une scène de guerre que découvrent les gendarmes. Les arbres sont arrachés, brisés et brûlés sur plusieurs centaines de mètres, comme si des tirs d'artillerie avaient enlevé la position. Le sol est labouré sur une large et longue tranchée, des débris de l'avion sont éparpillés partout, jusque dans les branchages des plus hauts arbres. Dans le fond du décor, un tronçon de carlingue gît, comme le serait le corps d'un gros animal éventré et échoué, il dessine dans sa section un sombre gouffre béant de mort et d'horreur. Il y a des feux, un peu partout, des débris en flammes, des corps qui se consument… Des formes non identifiables sont éparses ici et là sur le sol, tout autour de Dominique et pour la plupart, elles déjà partiellement couvertes de neige… une odeur âcre de kérosène prend tout d'abord les militaires à la gorge, puis, dans un second temps, l'odeur douceâtre et à la fois indescriptible de la chair humaine brûlée se dénote dans le pot-pourri cauchemardesque.

Dominique avance pas à pas, un peu comme dans un rêve. Il prend peu à peu conscience que les formes au sol sont des cadavres… tous brûlés, mutilés, déchiquetés… et déjà bleuis par le froid… il identifie des hommes, des femmes… et des fois, il ne sait pas qui ils sont, tant les corps sont mutilés.

Dominique relève la tête, hébété, perdu… puis son regard est attiré par une lumière blanche « dansante » à quelques mètres d'où il se trouve. Il fait quelques pas et comprends qu'il s'agit de la lumière d'une caméra.

D'une caméra de télévision !

Il hallucine…

Que font déjà des journalistes sur place alors que l'ensemble des secours n'est même pas encore déployé ?

Pourquoi n'ont-ils pas prévenu directement les secours ?

Deux journalistes sont bien présents, un caméraman et un autre homme, qui semblent interroger des rescapés prostrés autour d'un feu.

Alors qu'il va intervenir, pour faire évacuer ces deux hommes, une femme, allongée au sol, transie de froid, en état de choc, appelle à l'aide. Dominique parvient à la localiser rapidement en se guidant au son de sa voix. Alors que Dominique tente de la rassurer en lui disant qu'il va la sortir de là, qu'elle va s'en sortir, qu'il allait s'enquérir de ses blessures, la jeune femme le coupe et lui dit :

« Prenez mon bébé, sinon, il va mourir de froid. »

Et en suivant, elle écarte la couverture qui était sur elle, probablement donnée par un autre rescapé, et elle laisse apparaître une petite fille d'environ 1 an, Mélissandre, lovée en position fœtale sur l'abdomen de sa mère, blessée et en détresse médicale absolue.

Un long frisson parcourt Dominique. Et de là, immédiatement, il ne pense qu'à sauver cette petite file et à l'extraire de cet enfer !

Les deux passagères étaient en queue d'avion, c'est, comme pour la plupart des rescapés, ce qui les sauvera. Dominique apprendra peu après de la maman que c'est parce qu'elle n'avait pas respecté les consignes de l'hôtesse pour l'atterrissage, à savoir que sa fille dormait sur le siège d'avion à côté d'elle et n'était pas dans ses bras, qu'elle a survécut. Dans le cas contraire, le siège placé devant elles aurait écrasé Mélisande au moment du choc.

Quoi qu'il en soit, la petite fille regarde maintenant le gendarme avec ses grands yeux noirs interrogateurs. Dominique la prend dans ses bras, rassure sa maman, s'éloigne à reculons, et au pas de charge, va informer son commandement de son intention de descendre immédiatement l'enfant dans la vallée, faute de voir les pompiers arriver. La fillette n'a visiblement rien, mais la température extrême demande d'intervenir rapidement. Accompagné d'un guide, Dominique cherche à rejoindre la route départementale le plus rapidement possible. Le froid est intense. La marche est pénible. La visibilité nulle. Mélissandre ne pleure pas. Elle ne semble pas avoir peur. Tout contre lui, l'enfant est rassurée et joue même avec les poches de son treillis. Toute l'émotion du monde enveloppe le militaire et l'enfant. Enfin, après quelques minutes de marche, ils arrivent à la route.

Cette scène sera filmée, et largement diffusée par les médias. Notamment par France 3. On y voit un gendarme, Dominique, sortant du chaos, slalomant entre les gens et les voitures en portant une enfant dans ses bras. Le guide a conduit Dominique au nouveau point de ralliement. Des dizaines de véhicules y stationnent, notamment beaucoup de voitures de presse. La nouvelle de l'accident s'étant maintenant largement répandue dans l'Hexagone. Dans le fouillis de voitures stationnées, Dominique avise une Peugeot avec un homme au volant. C'est un capitaine des pompiers. C'était comme s'il l'attendait. Dominique fonce sur la voiture. Le pompier accède immédiatement à la demande du gendarme et lui propose de les mener au couvent Sainte-Odile, car l'endroit dispose d'une infirmerie et surtout ne se situe qu'à quelques centaines de mètres de là. Arrivés au couvent, c'est pourtant la douche froide qui les attend : l'infirmière est absente.

Le prêtre présent leur conseille de descendre sur la commune. Ce qu'à contrecœur, les deux hommes font. Ils retournent à leur véhicule, la petite fille se tenant toujours dans les bras de Dominique.

Seulement, un défaut de freins de la voiture les immobilisera. L'accident sera évité de peu. C'est alors que, quelques minutes plus tard, enfin, le groupe de pompiers qui avait pris la mauvaise direction arrive ! La fillette sera prise en charge et remontée vers le lieu du crash ! En sécurité, mais vous avouerez que le « tout ça pour ça » légitime, qui restera présent dans l'esprit du gendarme, a quelque chose d'amer.

Dominique devra quant à lui redescendre à Barr pour se procurer un véhicule pour pouvoir remonter sur les lieux du crash. On marche sur la tête !

Entre les deux, le peloton de gendarme sur place avait pris la décision d'évacuer les blessés. Faute d'équipements médicaux adéquats, faute de l'intervention des pompiers en temps et en heure, les gendarmes n'avaient pas d'autres choix que d'évacuer les blessés. On le leur reprochera conséquemment et injustement.

Que pouvaient-ils faire d'autre que de tenter de sauver, vaille que vaille, les rescapés ?

Plus de quatre heures s'étaient écoulées depuis le crash. La précarité de la situation des victimes demandait une intervention immédiate. Beaucoup d'entre eux avaient enduré des souffrances atroces, des fractures, des brûlures, des hémorragies… et personne sur place n'était capable de donner un délai raisonnable quant à l'intervention des secours médicaux !

Que fallait-il faire alors, les laisser mourir sur place en leur tenant la main ?

Ou attendre que la forêt s'embrase pour de bon ?

Dominique remontera donc sur le mont, et cette fois pour le reste de la nuit. Son peloton dut encercler la zone pour interdire l'accès aux journalistes et aux curieux…

Quatre-vingt-six cadavres occupent les sols.

Quatre-vingt-six personnes dont il faudra défendre la dignité. La nuit de l'horreur.

La troupe était choquée ; le lendemain, à la relève, les militaires rentrèrent à la caserne en sachant qu'après cette épreuve, leurs vies ne seront plus vraiment les mêmes. Quant aux cellules de soutien psychologique, cela n'existait pas en 1992. Dominique en fera les frais. Au lendemain de ce drame, il m'avouera qu'avant de s'allonger, il vérifiait qu'il n'y avait pas de cadavre sous son lit ou dans son armoire de chambre. Je crois que cette situation fait partie des moments d'une vie où si vous n'êtes pas présents, vous ne pouvez comprendre.

À chacun sa sensibilité.

Son humanité.

On estimera que 6 personnes ayant survécu au crash seront décédées par manque de soins.

À cause de ces erreurs d'aiguillage dans l'intervention des secours, le bilan s'est alourdi.

La mauvaise circulation de l'information, le mauvais balisage du terrain, le manque cruel de précision et la non-entente entre pompiers et gendarmerie, tout cela aura contribué à alourdir le bilan du drame. Bilan qui aurait pu être encore plus conséquent si les gendarmes n'avaient pas eu cette initiative, pourtant décriée sur le moment, de « redescendre » les blessés. De les sortir du cauchemar. De ne pas les abandonner à leur triste sort et de faire la preuve de la dernière chose qu'attend une victime : l'impuissance du secours !

Les zones de mer ou de montagne sont des zones soumises à de fortes contraintes, qu'elles soient climatiques ou tout simplement d'accès. Le crash sur le mont Sainte-Odile en est la preuve formelle. Si le commandement opérant est à la manœuvre sans étiquette, et s'il œuvre dans le plus grand souci d'efficacité et de professionnalisme, les chances de survie sont d'autant plus grandes pour les rescapés d'un drame. Malheureusement, c'est ce qui n'arriva pas pour les pauvres passagers du vol 148.

Dominique n'avait pas le droit de contacter les victimes de l'accident après-coup et devait, et ce jusqu'à son départ de l'armée, exercer son devoir de réserve. Et, une fois à la retraite de la gendarmerie, même si l'envie de contacter Mélissandre l'habite toujours, Dominique n'en fera probablement rien.

Par pudeur ?

Par peur ?

Par humilité ?

Je ne saurais pas bien expliquer pourquoi, mais je crois que l'histoire intime de ces deux êtres ne se contentera pas de cet état de fait.

XVI

Gendarme et valeurs républicaines

Note du rédacteur

Au moment où j'écris ces lignes, le pays est secoué depuis quelques jours par une succession d'émeutes et de pillages, et ce, de manière inédite. L'interview qui suit a été faite avant ces évènements, et juste après les dernières manifestations houleuses pour la réforme des retraites. Les paroles de Dominique Large, retranscrites ici, ont d'autant plus de sens dans le contexte actuel. L'engagement, le civisme et l'honneur républicain y sont à l'honneur.

***

— C'est l'heure du bilan pour une première carrière. Celle de gendarme. Dominique, qu'avez-vous à en dire, maintenant que les choses ont considérablement avancé pour vous ? Mais commençons par votre grade : capitaine. Après 39 de carrière ?

— Oui, cela s'explique par le fait que j'ai toujours privilégié les zones géographiques à la promotion. Au regard de mon cursus, de toute façon, j'aurais atteint au maximum le grade de chef d'escadron. Je suis passé par le PAGRE en 2006. La gendarmerie manquait alors d'officiers ; les sous-officiers étaient sélectionnés au grade major sur concours auparavant pour ensuite passer officiers. J'ai profité de cette promotion. Mais l'avenir promotionnel était restreint. De par le fait.

— Personnellement, et je ne crois pas être le seul dans ce cas, je me perds dans les grades de la gendarmerie. Pouvez-vous les énumérer pour que les lecteurs puissent mieux comprendre votre parcours ?

— Oui, il y a d'abord le premier échelon, celui de gendarme, c'est une fonction et c'est aussi un grade, 2ᵉ classe, 1ʳᵉ classe, ensuite vient celui de brigadier, puis de brigadier-chef, puis de maréchal des logis, de gendarme, de maréchal des logis-chef, celui d'adjudant, puis adjudant-chef, vient ensuite le grade de major, le grade d'aspirant, puis de lieutenant, puis de capitaine, de chef d'es-

cadron ou de commandant pour les corps de soutien, puis de lieutenant-colonel, de colonel et enfin de général de brigade, de division, de corps d'armée et pour finir celui de général d'armée.

— Merci de ces précisions. Donc au final, vous avez quitté la gendarmerie en étant au maximum des possibilités de votre grade et de votre avancement ?

— *Oui, j'ai eu des fonctions différentes. Et je suis passé par tous les grades existants. J'ai été très rapidement attiré par les responsabilités. J'étais à la direction générale de la gendarmerie depuis l'année 2000 avec le grade d'adjudant-chef, quand je fus promu. Mais plus on monte en grade et plus les responsabilités sont grandes. J'étais souvent responsable d'une structure. Une fois arrivé au grade de capitaine, je fus chargé de créer le Bureau de Planification et Gestion de crise à la Préfecture de Police de Paris. Mon adjoint était d'ailleurs un policier. J'avais passé auparavant un mois au grade de major pour devenir lieutenant et enfin être promu capitaine en 2010, après avoir passé les 4 ans réglementaires et statutaires au grade de lieutenant.*

— Vous étiez quel type d'officier avec vos hommes ?

— *Plutôt sympathique, je crois, discipliné certes, mais plutôt « cool »… Mais au niveau où je me retrouvais, c'était les officiers supérieurs directs qui l'étaient moins. De mon bureau, je côtoyais tous les services, et souvent mes homologues étaient d'un grade supérieur au mien, mais sur des fonctions identiques. Moi, c'est ma longue expérience qui m'avait placé à ces postes. Eux avaient fait le cursus plus classique de l'officier. Alors il y a eu quelques accrochages…*

— Jalousie, concurrence peut-être ?

— *Oui, comme dans tous les métiers, il y a une certaine concurrence, surtout à la date du 1er décembre quand paraît le tableau d'avancement (rire) ! J'ai tout de même fini officier de sécurité régionale, et pour ça, j'ai fait des formations qui m'ont beaucoup appris, jusqu'en toute fin de car-*

rière. Notamment dans le domaine de la gestion des documents classifiés, sur le secret, sur l'IJ, sur la protection des casernes…

— Suite aux attentats de 2015, sur ces sujets, les choses ont changé, non ?

— *Oui tout à fait, il fallait penser à protéger aussi les familles des gendarmes. C'était un fait relativement nouveau à l'époque… On voit aujourd'hui que la protection des casernes est devenue essentielle. Les bâtiments publics devenant de plus en plus souvent des cibles…*

— Une autre question, mon capitaine. justement, quelles sont les missions essentielles du gendarme aujourd'hui ?

— *La protection. C'est-à-dire que la mission essentielle du gendarme est de protéger la population dans une situation de crise ou dans une situation particulière, comme d'assister les secours, par exemple, lors d'un accident routier. Mais il y a aussi le volet « répression ». Par le maintien de l'ordre. La répression fait partie du métier, c'est aussi le respect des lois et donc de la République qui est en jeu. En cas de manifestations, la répression, c'est d'arrêter les casseurs et les gens qui vont contre l'ordre républicain. C'est endiguer les débordements civils et c'est juguler la violence. Et donc de procéder à des interpellations si nécessaire. Tout citoyen, qu'il soit français ou non d'ailleurs, a le droit à la protection de la gendarmerie sur le sol de France. C'est quelque chose d'inscrit chez le gendarme.*

— Justement, les mouvements sociaux sont nombreux depuis 2017, et nous le vivons tous, comme nous voyons tous que la violence se déchaîne de plus en plus. Ce n'était pas à ce point il y a encore une dizaine d'années ou les médias exagèrent-ils la gravité de la situation ?

— *Non, mais la violence a toujours existé… Seulement aujourd'hui, les « dissidents » comme les voyous veulent « casser du flic ». Ils veulent faire mal. Et si pour certains, la volonté est de faire mal à l'État en « cassant du flic », pour d'autres, il ne s'agit que de partir à la recherche de l'affrontement. Jusqu'à tuer. Avant, cela n'existait pas. Sans dire que cette*

forme de violence s'internationalise… et que les rues de France deviennent leurs terrains de jeux favoris…
Les forces de l'ordre sont là pour empêcher le pire et pour protéger les personnes et les biens. Ne l'oublions pas.

— Que pensez-vous justement de l'autodéfense ? Car nous le voyons, la situation dégénère. Les gens ont peur et les agresseurs sont de plus en plus audacieux…

— *Je suis contre l'autodéfense. Je peux comprendre que les gens cherchent à se défendre. Mais c'est interdit par la loi. Et donc je ne le cautionne pas. Comme de l'autre côté, je trouve la justice parfois trop clémente. Et comme je pense qu'il est nécessaire de mettre l'accent sur la prévention. Et pour la jeunesse surtout. Sur la drogue, le harcèlement, la violence… il y a plein de sujets sur lesquels la prévention devrait être plus grande… Je suis assez pessimiste quant à l'avenir… quant au devenir des choses…*

— Pertes des valeurs citoyenne et républicaine, phénomènes numériques sociaux… les temps changent et tout s'accélère. Cela vous fait peur ?

— *Oui, mais ce qui me tracasse le plus, c'est que les groupes de casseurs en viennent un jour à utiliser des armes à feu… ou des explosifs. Là, nous serions dans un climat révolutionnaire. Dans la guerre civile.*

— C'est donc possible selon vous ?

— *Il ne faut pas l'ignorer. Mais les forces de l'ordre en France sont extrêmement prudentes et totalement dévouées à la République et aux citoyens. J'ai confiance en leur professionnalisme. Il faudrait que la France revive des évènements fédérateurs. Universels. Et les gens aiment à nouveau leurs polices.*

— La sensibilisation est au cœur de la communication de la gendarmerie. On la retrouve en présence dans tous les postes. J'ai vu que par rapport aux violences domestiques, par exemple, la gendarmerie était beaucoup plus sollicitée par les victimes que ne l'est la police judiciaire. Comment expliquez-vous ceci ?

— La gendarmerie a une organisation militaire, mais ce sont des militaires qui vivent avec leurs familles. Sous l'uniforme, il y a des pères et des mères de famille. Dans beaucoup de régions, ce service public est l'un des derniers encore présents et accessibles. Le gendarme a une proximité avec la population que n'a peut-être pas la police nationale, qui, elle, est stationnée dans les villes. Ensuite, chaque dossier, chaque cas, est traité. Rien ne passe à la trappe. C'est un principe. Et oui, pour en revenir à la sensibilisation et la prévention du risque, nos effectifs sont « à la pointe », notamment avec la jeunesse. Il y a de nombreux programmes, et malgré la disparition du service militaire, nous entrons dans les écoles et lycées pour justement faire de la prévention, routière ou autre. Le gendarme rural plus particulièrement, va représenter l'État et la loi dans les confins du territoire, jusqu'en Outre-mer. Sa mission est de servir et protéger, et quand il fait de la répression, elle est utile. Donc nous avons une image différente auprès de la population, différente de celle qui est véhiculée par la police nationale. Ce que je peux dire, c'est que si une femme veut déposer plainte en cas de violence domestique, elle sera reçue immédiatement par nos services. Les délais ne sont pas les mêmes. Et cette personne sera protégée. Et conduite vers la résolution du problème. Elle ne sera pas seule dans ses démarches ni livrée à elle-même.

— Le gendarme a meilleure réputation dans la population que le policier, je l'ai constaté à de nombreuses reprises. Une explication au phénomène ?

— Peut-être, en tant qu'ancien officier de gendarmerie, ce n'est pas à moi de le dire (rire) ! Seulement, précisons un fait : la gendarmerie existe depuis le XVIIIe siècle, sous la forme que nous lui connaissons aujourd'hui, à quelques nuances près. C'est donc un corps qui accompagne les citoyens français au quotidien depuis plus de trois siècles… ce n'est pas rien… et la relation particulière entre ce corps d'armée et la population ne s'est jamais perdue… jusque dans le folklore populaire. Le maire, les gendarmes, l'instituteur, le curé, le notaire, le facteur, le médecin, c'étaient les

acteurs principaux, avec le garde-chasse, de tous les villages de France. Le gendarme était déjà comme aujourd'hui, à la fois un protecteur et représentant de la loi et donc l'État.

— Ma grand-mère me disait : « Si tu ne finis pas ta soupe, j'appelle le gendarme ! » Mon grand-père était le facteur du village et comme je le voyais prendre le café presque tous les matins avec les gendarmes au bar de la mairie, au milieu de sa tournée, je n'en avais pas tellement peur !

— *(Rire) Oui ! Le gendarme fait partie de la vie du village. Et la gendarmerie reste une valeur républicaine. Malheureusement aussi, pour la police nationale, ils sont en zones urbaines, donc dans des zones beaucoup plus violentes. Il y a plus de policiers tués ou blessés en service que de gendarmes. Cela tient aux conditions et à l'environnement du service. Même si aujourd'hui, pour le maintien de l'ordre, les gendarmes interviennent de plus en plus souvent dans les zones urbaines dites prioritaires.*

— Aujourd'hui, il y a plus de recrutement en gendarmerie que par le passé, ou bien c'est l'inverse ?

— *Il y en a plus qu'il y a quelques années. Mais globalement, les effectifs devraient monter pour une raison, le siècle change… On notera que les services de gendarmerie se diversifient et se spécialisent. Notamment pour la cybercriminalité.*

— Oui, le public sait que les résultats sont probants de ce côté-là.

— *Tout à fait. La gendarmerie évolue avec son temps et répond efficacement à la délinquance dans les secteurs de pointe.*

— La gendarmerie devient plus moderne, c'est une observation commune. Elle est sortie de son côté un peu rétro. Un peu trop « militaire ». Donc gendarme, c'est un métier d'avenir ?

— Oui, bien évidemment, et les domaines d'exercices possibles sont nombreux. Pour les accidents d'avion, pour la montagne, pour la police scientifique… les compétences de la gendarmerie sont multiples. Je conseille souvent à des jeunes de s'intéresser aux nombreuses carrières que propose la gendarmerie. Il y en a pour tous les goûts.

— Donc aucun regret sur vos choix de carrière de jeune homme ?

— Aucun. Je resignerais sans hésiter (rire) !

— Si vous deviez me donner deux mots pour qualifier le métier de gendarme, quels seraient-ils ?

— Camaraderie et soutien. Les gendarmes sont réellement une famille. Je l'ai vécu comme ça.

— Justement, la vie de caserne, cela peut en refroidir certains…

— Moi, je la regrette. Les enfants et le reste de la famille sont en sécurité totale dans une caserne. Pour ma part, j'ai connu une vie de famille très agréable en caserne. D'autant que ma femme est elle-même fille de sous-officier de gendarmerie ! Quand je partais, même en Outre-mer, j'étais tranquille. Ma famille ne risquait rien. Qui connaît ça aujourd'hui ?

— Une vie agréable… La télévision a popularisé ce cas de figure. Du *Gendarme de Saint-Tropez* à *Une femme d'honneur*, en passant plus récemment par *La capitaine Marleau*, le gendarme reste attrayant pour les scénaristes et autres producteurs. Mais qu'en est-il, de la fiction et de la réalité ?

— Le gendarme de Saint-Tropez, *cela reste une comédie formidable de Louis de Funès, qui était assez près de la réalité en ce qui concerne la vie de caserne avec les familles. Aujourd'hui, les choses ont un peu changé… Cette vie est peut-être un peu moins communautaire qu'alors. Pour* Une femme d'honneur, *nous sommes aussi dans le vrai.*

— La série *Une femme d'honneur* est cautionnée par la gendarmerie nationale et le ministère de l'Intérieur. Là aussi, pour le scénario, c'est assez fidèle dans les rôles de chacun ? Le capitaine dirige depuis son bureau, l'adjudant-chef enquête, l'équipe de gendarmes suit ?

— Oui, globalement, certes c'est un peu romancé, mais n'oublions pas qu'il y a la présence de vrais gendarmes dans la figuration. La plupart des cas traités sont tirés de faits réels. Mais, dans Une femme d'honneur, *cela finit toujours bien. Ce qui n'est pas toujours le cas dans la réalité. Malheureusement.*

— L'honneur, le service, l'engagement individuel dans un corps constitué… L'idée n'est pas un peu trop poussée dans ce type de série ?

— Honnêtement non. L'honneur et le dévouement font partie de nos gènes. Jusqu'au péril de la mort. C'est dans les textes constitutionnels.

— Pour les séries les plus récentes, le gendarme est en 2.0, sans uniforme et plutôt individualiste, sans trop de formalités administratives ou contraintes de commandement. Une image faussée ?

— Tout à fait. Cela ne fonctionne pas. Nous restons dans un protocole militaire, donc avec un commandement et des façons de faire précises. Là, nous sommes vraiment dans le roman. Même s'il est vrai que gendarmerie et police collaborent davantage que par le passé sous l'impulsion des procureurs de la République.

— Pour en revenir à la carrière, il y a un après « gendarmerie ». Ces années de services amènent des compétences, qui lors du retour à la vie civile, sont recherchées par de multiples employeurs de multiples secteurs. C'est la tactique du gendarme pour la retraite ?

— Non, pas forcément, pas pour tous les gendarmes retraités, mais c'est vrai que les compétences acquises sur une carrière sont nombreuses et que « dans le civil », elles sont appréciées. Et appréciables ! Je le vérifie tous les jours.

— Eh bien, nous aborderons ceci au prochain entretien… puisqu'« entreprendre après 60 ans » sera la thématique de nos prochains échanges.

***

Le saviez-vous ?

La gendarmerie nationale est une des plus anciennes institutions policières françaises. Elle est l'héritière de la Maréchaussée, qui était un corps de militaires chargé de la police et de la justice aux armées, et ce, depuis le Moyen Âge. Par un édit de François Ier en 1536, les missions de la Maréchaussée se sont étendues à la police des personnes : les cibles principales étaient alors les vagabonds, les étrangers non domiciliés, les vols à main armée ou en bande organisée, les vols de grand chemin.

En 1720, la Maréchaussée est placée sous l'autorité administrative de la gendarmerie de France, alors constituée d'un corps de cavalerie lourde, lui-même assimilé à la maison militaire du roi. L'ordonnance du 25 février 1768 crée 200 brigades supplémentaires et réorganise leur implantation, afin de parvenir à un maillage du territoire plus fin et plus rationnel. En 1779, la Maréchaussée ne compte que 3 300 hommes répartis en 34 compagnies et 800 brigades pour l'ensemble du royaume.

En 1791, elle prend le nom de gendarmerie nationale. Cette force armée est alors chargée de la sécurité dans les zones rurales et périurbaines. Épurée sous la restauration, la gendarmerie est réorganisée par l'ordonnance du 29 octobre 1820, en 24 légions divisées en compagnies. La monarchie de Juillet lui confie de nombreuses missions politiques et s'attache à la revaloriser. À partir de 1835, ses effectifs augmentent. La gendarmerie d'Afrique, créée la même année, accompagne la conquête de l'Algérie. La loi de 1850 fixe ensuite l'objectif d'une brigade par canton. En 1851, on en compte 16 500 réparties dans plus de 3 000 cantons. Les débuts de la IIIe République sont surtout marqués par la question du maintien de l'ordre, la gendarmerie étant fortement mobilisée lors des grèves. Elle est de nouveau réorganisée par le décret du 20 mai 1903.

Lors de la Première Guerre mondiale, les gendarmes ne sont pas constitués en formations combattantes, même si plusieurs centaines d'entre eux sont présents sur le front dans des unités d'infanterie. Ils assurent la police militaire et leur mission principale est de rattraper les déserteurs. Sur les 17 000 gendarmes qui se relayeront sur le front, environ 900 sont tués.

La création d'une École des officiers de la gendarmerie nationale est actée en 1918 et la direction de la gendarmerie en 1920. C'est dans cette période que naissent aussi des pelotons mobiles de gendarmerie, qui sont spécifiquement destinés aux opérations de maintien de l'ordre. Ils deviendront *garde républicaine mobile* en 1926, qui sera ensuite appelée *gendarmerie mobile* en 1954 et jusqu'à ce jour. L'obligation du port de la moustache pour le gendarme en vigueur depuis 1841 est abolie en 1933. Les petits théâtres de marionnettes en souffriront.

En 1940, le régime de Vichy place la gendarmerie sous l'autorité du chef du gouvernement et lui impose de suivre la politique collaborationniste : arrestation des Juifs, recherche des réfractaires au STO, garde des camps d'internement et de concentration, opérations de police diverses, lutte contre les résistants…

Si la majorité des gendarmes obéissent en temps de dictature, seulement 20 % des officiers seront sanctionnés et 15 % mis d'office à la retraite lors de l'épuration consécutive à la Libération en France. D'autres s'engageront dans la Résistance et participeront à la Libération. Alors qu'en 1939, la gendarmerie compte 54 000 hommes, 12 000 seraient entrés en résistance passive ou active contre Vichy ou les nazis. Le nombre de gendarmes tués pendant la Seconde Guerre mondiale est estimé à près de 2 000. Pour un quart par des résistants. Après la Seconde Guerre mondiale, la gendarmerie combat en Indochine et en Algérie. Par la suite, elle continuera à intervenir aux côtés des forces armées françaises sur les théâtres d'opérations extérieures, notamment en Afrique et au Proche-Orient.

Elle est aujourd'hui déployée sur tous les territoires de métropole et d'Outre-mer. Au XXIe siècle, sa zone de responsabilité couvre 95 % du territoire national et donc 55 % de la population française. La gendarmerie nationale est également engagée aux côtés des armées françaises. Elle se transformera principalement au cours du XXe siècle, en se dotant d'unités spécialisées : maintien de l'ordre, police judiciaire, police scientifique, protection des mineurs luttent contre les formes modernes de criminalité, aviation, police de la route et secours en montagne ou en mer, tout en restant solidement implantés dans les territoires ruraux et périurbains.

Depuis 2009, la gendarmerie nationale est rattachée au ministère de l'Intérieur aux côtés de la Police nationale. Elle passe sous l'autorité budgétaire et opérationnelle de ce ministère tout en conservant son statut militaire.

CAPITAINE DOMINIQUE LARGE

XVII

Entreprendre après 60 ans

— Entreprendre après 60 ans… Ce n'est pas rien… Quelles étaient les objections de vos proches et comment avez-vous convaincu vos proches et vos partenaires ?

— *Ça n'a pas été compliqué, et somme toute, rapidement accepté. Mon épouse a parfaitement compris mon état d'esprit et mes avis comme mes besoins sur la question. Pour la marque Polare Paris, comme pour mon poste de responsable de la sécurité dans une holding. Et, il faut savoir que mon épouse, Isabelle, est elle aussi encore active. Un dernier point : dans le milieu où je gravite, beaucoup de mes homologues sont dans la même tranche d'âge que moi. Voire plus vieux. Je suis ma logique et la logique de ce qui m'entoure. Et puis, voilà (rire) !*

— Donc pas d'objections notables ?

— *Pas formelles en tous les cas ! Ni très argumentées quand j'y repense…*

— La date d'arrêt de travail, selon vous, quelle est-elle ?

— *Comme dirait le président de la holding où j'officie, un homme remarquable, et déjà âgé de plus de soixante-dix ans : « J'arrêterai quand je ne pourrai plus. »*

— C'est votre philosophie, donc ?

— *C'est ma philosophie. Ce qui ne m'empêche pas d'aimer aussi travailler avec des « jeunes gens ». L'équilibre social passe aussi par là. Hommes, femmes, jeunes, vieux… tout le monde a sa place et un rôle à tenir.*

— Voyons maintenant un autre aspect de la thématique de l'entreprise après soixante ans : générer de l'investissement, et donc trouver des investisseurs. L'âge, je pense aux banquiers plus particulièrement, peut être un vecteur défavorable, aux motifs du « trop vieux », comme « trop jeune », d'ailleurs… ça marche dans les deux sens…

— C'est propre au parcours de chacun… mais oui, un investisseur, privé ou institutionnel, peut « freiner » en raison de l'âge du demandeur. Je crois que chaque cas est particulier, en fait. Et que tout dépend de ce que l'on veut faire financer. Et de la manière dont on veut le financer. Comme de la manière dont sera utilisé ledit financement…

— Pour vous, nous l'avons évoqué plus haut, dans un autre chapitre, les principaux financements sont d'ordre privé. Et internationaux. Mais la principale objection rencontrée peut être, pour un senior, le risque d'un financement lourd, sachant qu'il est communément admis que le temps de travail et la capacité même de travail de l'emprunteur iront en diminuant. De par le fait du vieillissement et de ses maux.

— Mes investisseurs sont très bien « bordés ». Ce qui est un gage de solidité vis-à-vis des banques. Ensuite, le capital social de l'entreprise est une autre garantie. Nous avons placé la barre assez haut. Bref, on a joué le jeu. Dans mon cas. Mais c'est vrai que pour un senior non-propriétaire, sans bonne retraite, c'est plus complexe. Sans parler du fait que j'ajoute un salaire à ma retraite de l'armée. Mais, quelle que soit la situation, il faut oser.

— « Qui ne tente rien n'a rien », en somme ?

— Oui… et l'âge va avec l'expérience, et justement, parvenu à un certain âge, on connaît la valeur de l'argent. Autre gage d'une comptabilité saine. On sait où se trouvent les priorités. Les erreurs de « débutants » ne sont pas pour nous. Encore une fois, l'expérience de la vie parle.

— Une autre question : notre société, et a fortiori le monde du travail, est marquée par le « jeunisme ». Nouvelles idées, nouvelles technologies, nouvelles méthodes… Comment les jeunes que vous côtoyez vous perçoivent-ils dans le monde du salariat ou du business ?

— Plutôt bien en fait… Parfois, ils sont surpris par ma démarche. Je crois que la plupart des jeunes ont peur d'ouvrir une entreprise au-

jourd'hui. Parfois, ils sont même inquiets pour moi. D'autres me disent qu'arrivés à mon âge, ils seront bien contents d'arrêter de travailler…

— Pourquoi donc ? Ils pensent déjà à la retraite ?

— *Oui ! Mais plus sérieusement, ce que je perçois dans de tels propos, c'est que beaucoup de « juniors » n'aiment pas vraiment leur travail ! Ils donnent l'impression de subir !*

— Manque de passion ?

— *Oui, certainement. Ils se placent dans la nécessité de travailler pour vivre et non de vivre pour travailler. La passion du métier devient une notion abstraite. C'est bien dommage…*

— Ce qui garantit un manque d'épanouissement personnel à long terme.

— *Tout à fait. Malheureusement, pour cette génération, la précarité fait loi. Et à tous les niveaux. Professionnelle, financière et même familiale. La structure des choses évolue… aussi vite que la Terre tourne…*

— Et pas forcément dans le bon sens…

— *Ce n'est pas à moi de le dire… mais disons que j'ai l'impression que les choses sont peut-être plus âpres et plus compliquées pour la nouvelle génération que pour la mienne.*

— Joue aussi, ce qu'on appelle la « peur de prendre le virage »… de choisir son chemin. Pour vous, le déclic a été certain.

— *Oui, j'ai anticipé d'un an et demi sur ma mise à la retraite. Et j'ai tout quitté. Y compris mon logement de fonction. Et la sécurité de la vie en caserne. Comme la sécurité du revenu. C'était un choix. Et je ne regrette pas de l'avoir fait.*

— Une autre question, la transmission. Quand on crée une entreprise, on pense transmission, on pense devenir. Imaginons que Polare Paris continue son « carton », que la marque se développe au-delà de vos espérances, qu'en adviendra-t-il ? À qui, à date échue, donnerez-vous les rênes de l'entreprise ? Ou bien peut-être revendrez-vous ?

— Je n'y ai absolument pas pensé pour le moment… vous me posez une colle. Mais je n'ai pas construit cette entreprise pour la laisser filer ni me laisser filer (rire) ! Plus sérieusement, probablement à qui le voudra ou le pourra dans ma famille. Idéalement. Je crois…

— Donc à « un Large »…

— Oui, à un ou une, idéalement. La marque est encore jeune, c'est un peu tôt pour en parler. Mais quoi qu'il arrive, la marque devra me survivre. Mais je suis encore trop jeune dans le métier pour envisager tout ceci.

— Vous pourriez aussi vous lasser de votre activité, je ne sais pas, disons par exemple, dans une quinzaine d'années… vous pourriez avoir envie de voir autre chose. De faire autre chose…

— Non, je ne crois pas… pour moi, c'est une passion Polare Paris. Et puis, je veux découvrir le produit incontournable, je veux encore améliorer le travail de mon aïeul… La technique et la science font des progrès de jour en jour et qui sait ce que sera le cosmétique de demain ?

— Autre question : les femmes dans le travail ? On reproche souvent à votre génération une certaine misogynie ? Mais vous, à la précédente question, mon cher Dominique, vous m'avez corrigé quand je voyais au masculin pour le devenir de l'entreprise, et vous y avez ajouté un possible féminin.

— Bien sûr… je n'ai jamais compris cette dualité homme/femme… Chacun ses compétences et l'égalité pour tous. D'autant que le cosmétique est encore extrêmement lié à la femme. Je suis contre le tabou de l'utilisation du cosmétique par l'homme, d'ailleurs. Mais heureusement, les mentalités changent peu à peu sur le sujet comme sur l'idée… Aujourd'hui, 80 % de la clientèle de Polare Paris est féminine. Je ne désespère pas de voir monter la proportion d'hommes.

— Un dernier mot sur l'entrepreneuriat après soixante ans, Dominique ? Un dernier conseil pour vos lecteurs ?

— *Oui, soyez positifs, et bienveillants avec les autres comme avec vous-même. Osez ! Faites-vous confiance ! On ne vit qu'une fois.*

Nous sommes arrivés au terme du livre. Dominique Large a joué le jeu, sans tabou, sans langue de bois et vous a donné tous les détails de son aventure. Vous y avez trouvé tout ce que vous devez savoir sur le sérum anti-âge Miracle Polare Paris. Sur le phénomène du botox like, sur la composition du sérum, sur l'histoire du cosmétique français et sur la création de l'entreprise comme sur l'adaptation actuelle de la formule et les perspectives d'avenir de la marque.

Dominique Large a été généreux, tant sur l'histoire de la marque que sur lui-même. Ce dernier entretien, sur l'entrepreneuriat après 60 ans, rejoint d'ailleurs la philosophie de la marque et la quête ancestrale de l'éternelle jeunesse et du bien-être.

Comme j'en témoignais plus tôt, l'homme est généreux. L'entrepreneur comme l'ancien militaire, comme le « sauveur » du mont Sainte-Odile…

Cette histoire douloureuse a eu des conséquences post-traumatiques assez sévères pour Dominique. D'autres que lui ne s'en seraient pas sortis. C'est aussi en cela que ce livre se veut être un témoignage porteur d'espoir pour tous ceux qui, malgré les aléas de la vie, ont la volonté de se réinventer.

Une vie, un parcours riche, de multiples casquettes, une entreprise nouvelle et un produit remarquable, voilà le fond du message.

Nous espérons que vous avez passé un agréablement moment en notre compagnie. Et si ces lignes vous ont inspirées, nous en sommes heureux.

Yoann Laurent-Rouault,
pour Dominique Large

POLARE
PARIS
L'ÂGE - MIRACLE
SÉRUM BOTOX-LIKE
ET
ACIDE HYALURONIQUE
30x1 ML 0.03 FL. OZ
MADE IN FRANCE

Suivez **JDH Éditions** sur les réseaux sociaux
pour en savoir plus sur les auteurs,
les nouveautés, les projets…
Inscrivez-vous à notre Newsletter sur
www.jdheditions.fr
Pour recevoir l'actualité de nos nouvelles
parutions